I0204811

www.aalmas.eu

Dissertações

Poéticas

António Almas

www.aalmas.eu

Prelúdio

Que dizer da estrada quando esta é só caminho? Que nos conduz, nos induz e nos leva a lugares que nos aguardam. E se esta estrada se faz vida? Se caminhamos nela dia após dia? Deixará de ser tão-somente uma estrada, para ser um trilho, um lugar de cruzamentos e bifurcações, de altos e baixos, de alegrias e tristezas, mas, ainda assim, levar-nos-á ao nosso destino, que nos espera sentado no fim desta vereda.

O importante não é a velocidade com que a percorremos, sequer quão distante está do começo de tudo, o que realmente faz a diferença é como desfrutamos daqueles que seguem ao nosso lado, da paisagem que vamos olhando enquanto passa por nós, e sobre todas as coisas do prazer dos detalhes, das pedras, da brisa e do Sol, ou mesmo da chuva e das flores, dos amores-perfeitos ou malmequeres, que florescem aqui e ali. As cores e os cheiros, as sensações e as emoções, a dor e a alegria, essa magnífica força que nos contagia.

Esta é a estrada da vida, caminhemos que nos esperam.

Ficha técnica

Título: Dissertações poéticas

Autor: António Almas

Edição: Quinta Dimensão, unipessoal, Lda.

Rua José Emídio Amaro, 9

7160-2013 Vila Viçosa

edicao.propria@gmail.com

Paginação: António Almas

Design: Raquel Luna

Impressão: P.O.D.

ISBN: 978-989-99656-3-8

Depósito Legal: 421059/17

Vila Viçosa, 20 de Março de 2017

Todos os direitos reservados de acordo com a legislação em vigor.

Dissertações poéticas

O meu silêncio em ti

Abro os olhos, saio da escuridão dos dias em que apenas a ausência de luz me acompanhou. Sou o meu silêncio, aquele que nas madrugadas deambula pelos vazios do teu mundo. As estrelas que colho nos céus da eternidade fazem o Sol encher-se do brilho que confiro aos teus dias. Nestas viagens pelos mares estagnados do teu mundo, sou caravela quinhentista em busca da tua cidade perdida, tu sabes que te procuro, que te encontro e em ti derramo todas as minhas palavras, como jarro de vinho, cálice aromático que me confere a força que preciso para acordar todas as manhãs. Sacias a minha sede com os segredos que guardas em ti, com os desafios de seres mulher, beleza eterna que venero, mística imagem que desvelo, que descubro em cada noite que contigo durmo. Abro os olhos, e mesmo não estando mais aqui, vejo perfeitamente o contorno do teu corpo no vazio imenso deste deserto.

António Almas

Insano

Há um sabor acre que marca o princípio insano da tua nudez, esse espaço físico onde os meus dedos se tocam com os teus, onde a minha língua prova a tua pele suada. Nesse gosto, perco a salubridade mental, desorganizo o raciocínio devolvo o corpo aos desígnios das tuas vontades. Soçobro porque eu próprio quero amarar nesse oceano ondulado do teu ventre agora desvelado. Solto, como vela de navio ao vento forte da tua tempestade, agito-me nesta ansiedade de ter-te em pleno. Não reflicto o brilho do teu olhar, porque deixo os teus olhos fechar na directa proporção em que meu corpo se rende ao abraço do teu. Deixo-me ficar, ali, assim, a pairar sobre essa corrente de ar que são os teus gemidos, gritos calados, consentidos na penumbra desta atmosfera volátil dos nossos fogos. Só assim faz sentido, só assim é possível explodir um novo universo, cheio de cores estonteantes, de vontades alucinantes, e cálidos beijos de prazer.

Dissertações poéticas

Regresso a casa

A brisa traz-me notícias de outros tempos, de outros momentos, vidas vividas na beira do abismo constante, recordo-me de como tudo parecia simples, de como nada era impossível naqueles dias. Sei que estamos noutra era, que hoje os dias correm presos uns aos outros como elos da mesma corrente que nos arrasta, mas, sei como voltar atrás, como ir lá buscar a essência, como matar a saudade de momentos em que fomos apenas folhas ao vento. Volto, a cada pensamento, ao lugar de sempre, aquele instante antes da explosão do vazio, em que tudo era pleno, em que as energias se renovavam em cada sorriso, e os dias corriam soltos por aí. Não vivo de recordação, eu sou o portal por onde podes passar, aquela porta estreita onde cabe apenas o teu corpo, onde a tua alma é a chave que abre o caminho de regresso a casa. Na expectativa da tua presença, espero-te no umbral dos séculos, quero sentir o toque da tua mão quando empurrares os portões do

António Almas

templo onde fiz de ti minha deusa eterna.

Incongruência

O tempo é a indiferença que marca a pele quando esta viaja pelos anos. Há na imensidão destes lugares visitados a agonia da saudade de saber que não vamos regressar, a contradição da alegria de ali poder estar. Saber como caminho por entre a folhagem seca no chão da floresta faz-me pensar no abismo que percorro quando entre mundos me movo. Não sei se a minha presença é necessária, se faz falta a mim próprio estar aqui, ou se será porque tenho medo de não ficar que venho todos os dias. Gostava de perceber a necessidade de tudo isto, de entender onde a fusão entre todos este mundos cabe na singularidade do meu precipício, gostava de saber se a vontade de ser não é mais premente que a vontade de não ser mais que

Dissertações poéticas

vento, mais que letra ou poema incompleto. É nesta oscilação que propago os meus murmúrios, é nela que me deito quando não tenho sono, quando o tempo se alonga e a Noite se faz eterna. Parece que este circulo quer quebrar-se, que este silêncio quer instalar-se e o frio que quer gelar os dedos faz também calar as letras, desconstruindo as palavras, eliminando os argumentos que fazem desta troca silábica a razão de sustento duma alma em pleno lamento. Não sei... Não sei mais!

As palavras

Qual é o sentido das palavras? Em que direcção caminham? Como andam e onde param? Perceber o propósito da sua criação é descortinar o próprio momento da comunicação. Elas são como presentes que enviam carinho, como beijos que oferecem paixão, como brisas que afagam corpos. Elas são esperança, mas

António Almas

também lamento, força mas porém tormento, paz e simultaneamente guerra, flor mas igualmente bala. Afinal são apenas recipientes, onde podemos colocar o ódio, ou tão só o amor, onde guardamos uma carícia ou a nossa dor. A escrita é muito mais que uma dicotomia, em que o autor se limita a escolher de que lado está o humor e solta aos ventos o seu sabor. Ela é um fluxo de palavras, um exorcismo de sentidos, na plena certeza que o autor deseja tornar práticos os seus efeitos teóricos. Esta consciência de tradução, em que através das letras as frases nos dão, fazem sair da alma os mundos escondidos daqueles que como gritos apregoam a sua existência. Esta é a cadência da palavra, este é o Verbo que conduz à verdadeira forma de sentir, genuína e pura, num misto de magia e loucura.

Dissertações poéticas

Recordações

Nesta Noite, onde os silêncios nos recordam a imortalidade dos tempos, sentimos o arrepio da nossa ancestralidade que nos eriça as paredes da alma e nos lembra porque viemos até aqui. O paralelismo destes mundos, mostra-nos como somos filhos do mesmo vento, como viemos do mesmo lugar, onde o começo nos fez um só e o vazio nos estilhaçou em mil centelhas. Sei que escutas as minhas vozes, que sentes os meus dedos dos quais escorrem as palavras com que te visto o corpo nu. Sei que me esperas com a boca cheia de letras para dizeres as palavras que há tantos anos calas. Não me esqueço dos caminhos que percorro na Noite, dos crepúsculos que vislumbramos nos umbrais dos séculos. Dorme, minha deusa, feiticeira de tantas viagens, companheira de tantas caminhadas no vazio dos dias, na plenitude das noites em que dormimos abraçados aos nossos corpos.

António Almas

O templo

Entre os tons avermelhados do fim do dia, espero a chegada do teu instante, vejo no teu semblante a paisagem de outrora, sinto no palpitar do teu corpo a vontade de abraçar o futuro como um desejo que juntos perseguimos pelos trilhos do tempo. Sabes, conheço-te de outras eternidades, de outros momentos em que as saudades nos alagaram nas lágrimas que juntos choramos na distância dos nossos corpos. É premente sentir-te como te sinto, saber-te no mesmo sítio onde há milénios me esperas, no mesmo momento em que chego, te estendo os braços e te recebo em mim. Vem, espero-te no portão do teu templo, onde somos apenas aquilo que queremos, amantes eternos.

Dissertações poéticas

Momento sem tempo

Queimo o ar com perfumes intensos, aromas, incensos com que te quero venerar. Deixo a luz cingir-se a pequenas labaredas no pavio das velas que se agitam ao ar. Deixo que o fogo aqueça a atmosfera e que dela se desprendam os sons das melodias que te vou tocar. Esta envolvência é a ambiência que nos banha os corpos, desejosos, sedentos dos suores do prazer. Este silêncio feito de gestos, é um bailado, um ondular de asas de pássaros sobre a neblina matinal, voamos sem rumos, orientados apenas pelos sentidos, pelos gemidos das vontades que se espraiam na pele húmida do teu ventre. Com a realidade ausente, sentada à porta, este espaço exíguo é agora o nosso mundo, tudo o que nos rodeia se dissipa perante a avalanche de sentires, de descobertas por vir, de fantasias por encontrar na ponta dos dedos que te fazem sonhar. Esta viagem é um momento sem tempo, onde tudo o que queremos podemos, onde o instante é eternidade e o sonho pura

António Almas

realidade.

Madrugadas

Esta é a euforia do meu momento em ti, aquele instante em que tenho a certeza dilacerante que tudo o que sinto se faz em palavras e todas elas te abraçam o corpo como dedos escorrendo-me das mãos. É neste instante que percebo a loucura da ausência de fôlego, quando como loucos minhas mãos deambulam pelo teu corpo, minha voz macia teus tímpanos acaricia num bailado premeditado de prazeres consentidos. Assim me faço gente em ti, visto o corpo de outros, crio-te devaneios incontornáveis que em noites insaciáveis degustas em mim. Este fulgor que se agita como véus translúcidos presos ao teu corpo, bandeira que assinala a presença do meu cheiro, do meu abraço húmido de maresia que te marca a pele. Este desenho que risco no teu corpo todo

Dissertações poéticas

é calafrio que acorda a madrugada, quando nela te sentes amada pela minha vontade desenfreada. Houve o meu grito, o meu êxtase, o meu gemido, vê, com teus próprios olhos o fogo que arde no fundo dos meus, só assim saberás o quanto te amo, o quanto venero os teus sentidos que em mim guardo escondidos.

Tristeza

Uma corrente de ar leva-me do corpo, as asas que me permitem voar, de repente um pranto imenso rouba-me a capacidade de sonhar, um frio gélido tolhe-me a alma, congelando-me o ar nos pulmões, já não posso gritar, não consigo mais falar e os dedos que até aqui me permitiam escrever, estão agora a tremer. Há um vazio que cai dos céus em arrepios de tristeza, em lágrimas de chuva que molham o corpo entorpecido pelo rasgo profundo da cicatriz. Há em mim uma chaga, ferida

António Almas

profunda feita pela lâmina da saudade, que dilacera o corpo e quebra o espírito em vagas sem vontade. Às vezes morro dentro de mim mesmo, nestes dias em que o Inverno me colhe como fruto apodrecido, esquecido da safra do Verão, deixo-me levar, arrastar pelas torrentes de chuva até aos rios em fúria que me hão-de deixar em qualquer lugar, abandonado por entre a lama que desagua na foz do mar.

Adeus amor

O amor é dono do infinito, não conhece distâncias, não tem abrigo, é eterno, não tem tempo, acontece a qualquer momento. Por mais longe que estejamos, por mais curta que seja a nossa presença, sempre saberemos que não amaremos de outra forma, esta é a verdadeira dimensão do sentimento reflectido na palavra amor. Quanto trazemos para o quotidiano este

Dissertações poéticas

sentimento, apercebemo-nos que perece, que se extingue como planta sem água, não porque não amemos, mas porque as condicionantes da vida o vão matando. Aqui, no mundo da realidade, enquanto seres humanos, perecemos e somos finitos, o amor não se compadece com os nossos destinos. Poderei viver eternidades, muitas vidas, muitas verdades, mas saberei sempre onde encontrar o teu amor, este amor que em nós causou furor, e que com o frio da realidade desvaneceu. Quero que saibas que em mim não morreu, não morrerá, dele será a minha alma, o infinito do meu ser, é isto, tão-somente isto que te quero dizer.

Sentido

Há em mim uma viajem por iniciar, uma espera que anseia por começar, há algo que quero preciosamente guardar, não quero abrir mão de sentir, de saborear. Este

António Almas

tempo, imenso na dimensão do sentimento, é um lago profundo, um pleno mundo onde quero abrigar os sentidos. Esta paisagem que me rodeia é floresta luxuriante que meus olhos premeiam, saudade que minha alma permeia, repassando-me. Hoje sou a placidez dos teus sentidos, a forma como o corpo me vais despindo, a plenitude da tua alma nua, vestida pela transparência do teu corpo de cristal. Esta efervescência que dilui a imaginação é fluir, é saber em ti fazer-me sentir. Nos domínios da perdição sou em ti vulcão, nos reinos da saudade sou a tua própria ansiedade e nos campos verdejantes do teu corpo visto os teus dedos e sou o teu prazer. É nesta tontura constante, neste corpo vacilante, que tropeça em cada passo nos buracos que a estrada lhe oferece, que caminho, que viajo rumo ao destino, nem sempre claro, da minha imaginação, do meu relicário, onde guardo cada peça do teu vestido, cada cabelo no vento perdido, como memória de tudo aquilo que de ti tenho sentido.

Dissertações poéticas

Lugar

A definição de lugar pode ser tão lata que nos permita estar sem estar, nesse sítio que pode ainda esperar por ser criado, inventado. Eu quero estar, nesse lugar sem corpo, que não se restrinja às regras deste Universo, que seja ausente da gravidade de qualquer ser vivente, onde a luz nasça de forma difusa e as sombras sejam translúcidas. Quero poder vaguear, por esse lugar, sem me preocupar com a chuva, com os raios cósmicos, raios U.V.A., quero ser alado, sem ter de possuir asas, poder pairar ao vento sem ser por ele empurrado. Nesse espaço quero construir com a minha imaginação, cada detalhe, cada emoção, só assim faz sentido, querer ficar num lugar mágico como aquele que aqui te escrevo.

Podes dizer que invento, que nada disto tem cabimento, que sou louco, sem tento, mas a verdade é que este lugar existe, no mais profundo recolhimento, no sítio mais sagrado que tenho, no meu universo pequeno, a alma que me dá vida, aquela que na palavra é descrita

António Almas

como o espírito dos que sonham, dos que nela acreditam.

Palhaço

Queria ter a capacidade de fazer sorrir, não apenas porque aquilo que dissesse fosse cómico, mas, particularmente porque as minhas palavras, gestos e expressões fizessem transparecer a felicidade que me vai na alma. Ser palhaço é muito mais que ser Homem, é ter no regaço a capacidade de inventar a alegria, de fazer de qualquer pequeno gesto a euforia daqueles que nos olham, na esperança de em nós encontrarem o conforto duma gargalhada. Quantos dias, na minha agonia me transfiguro, me transmuto em fantasias que invento, tudo no breve intento de fazer-te sorrir, esse é o meu maior desígnio, o meu próprio equilíbrio, dar-te o que nem sempre consigo, fazer-te delirar, com um

Dissertações poéticas

qualquer gesto que quebre no ar, a amargura da tristeza, oferecendo-te em flor com toda a certeza, a minha maior alegria, ver-te sorrir.

Aparição

Sei dum lugar onde o tempo não corre, caminha lentamente comigo. Onde o dia não tem horas e a semana não tem dias, onde os meses não se conjugam em anos e os séculos são eternos. Neste sítio, onde habito, as árvores são a minha casa, os ramos meus braços e o vento os murmúrios do que escrevo. Aqui, deixo impressas marcas na folhagem esparsa desta floresta de aromas e fragrâncias, acendo as velas que hão-de guiar-me os sentidos e fecho a porta atrás dos livros onde me deito em profundos textos, em livres discursos que só eu escuto. Neste espaço, há um lugar sagrado, onde a cada ciclo venho orar, esta clareira, no

António Almas

meio de árvores esbeltas é momento divino, devoto e imaculado destino a que me voto. Noite após noite, a tua imagem resplandece por entre a bruma, como se fosses feita de névoa, como se fossem translúcidas tuas vestes. Vens ao meu encontro, a tua brisa afaga-me o rosto e a tua voz faz eco por entre as montanhas do teu peito. Em teus braços adormeço, até a aurora nos despertar, dissipas-te com o primeiro raio de Sol, e eu, fico a ver-te voar.

Cálice

Tu és o cálice, onde depositarei o meu vinho sangue de mim que se fará em ti fruto silvestre porque tu crias, recrias e refazes a vida no teu ventre.
Eu serei o abrigo, onde te resguardas das tempestades onde te refugias dos medos, das maldades em mim viverás eternamente, como o fruto da minha semente.

Dissertações poéticas

Árvore

Na árvore dos teus sentidos sou o tronco que sustenta em seus braços teus antigos mitos, fantasias que descrevo nos mais velhos livros, tempo em que a eternidade morou a meu lado, junta com a saudade do teu espírito. Sei que não me pertences, que és livre de voar para qualquer lugar, mas sei que é na corrente do meu rio que vens teus corpo banhar, sei também que no oceano dos teus desejos teu navio em mim quer navegar, nas ondas deste imenso mar onde velejas a todo o pano, na voz inquieta dos teus sonho. Vem é em mim que quero ver-te acordar, que teu espírito quero adorar, como Deusa dum mundo que acabei de inventar. Nas minhas preces és cálice, onde derramo meu vinho, nos meus sonhos meu aconchego, meu carinho, e eu serei em ti o fruto da tua semente que fecunda, nasce em teu ventre.

António Almas

Memórias

Queria debruar o teu corpo com raios de luz, salpicar os teus cabelos com centenas de estrelas e preencher o teu olhar com centelhas de brilho ofuscante. Queria ser capaz de imortalizar a tua sombra, de abraçar o vento que deslocas ao passar, só assim te sei sentir, só assim em ti sei estar. No silêncio, quero preencher-te de contornos, seguir os teus adornos e ser capas de escorregar pelo teu corpo como singela gota de água, que resvala pelos teus traços ao luar. Dos meus lábios quero soltar os suspiros, que te hão-de afagar, da minha língua quero soprar as palavras, nasalar ditongos e gritar gemidos que te hão-de acordar, desse sono eterno onde tens estado mergulhada. Quero caminhar no teu corpo, com a ponta dos dedos, quer ser descobridor dos teus segredos, quero em ti fazer o amor, ganhar raízes, fazer-me árvore, ramos e eternidade. Tu sabes que te habito, que moro no mais ínfimo espaço entre os teus pensamentos e desejos na vontade de que sintas tudo aquilo que te quero recordar, memórias dum tempo que um dia vais relembrar.

O meu desejo

O meu desejo por ti é perene, não cai com o Outono e se refaz na Primavera, dura o ano inteiro, verde, vermelho, ruborizado, intenso, suave, doce, como da primeira vez que vi os teus olhos de mar. Ele é um mar de chamas que dedilha a tua pele nua, arrepiada pelo toque da minha mão e meus dedos são passos que percorrem o teu relevo, que acendem velas à sua passagem, que derramam pétalas perfumadas sobre a nudez bela do teu encanto. Os meus lábios são fonte que humedece teus seios e o meu sexo fogo intenso que invade os domínios do teu cálice, derramando o vinho cálido do prazer.

António Almas

Ondulação

Sabes, há aqui entre o tu e o eu algo que avança e retrocede, vai e vem como se fosse uma ondulação não constante. Deixo fluir e sigo-te, paro quando paras e ando quando andas, vejo quando olhas e olho quando me vês, tudo o resto é espaço aberto em que tu és o que tu és e eu sou quem te vela o ser. E oscilamos, e ondulamos, e vimos e vamos.

Eu sei

Eu sei como sentes a minha presença, como entendes as minhas mensagens e decifras os meus segredos. Não precisas de me olhar nos olhos, de me tocar na pele, de sentir o volume do meu corpo, em ti eu sou etéreo, sou energia fluindo nos teus pensamentos. Em ti sou a voz que ecoa na tua mente, sou sempre presente, memória

Dissertações poéticas

residente no teu subconsciente. Tu, guardas-me num templo, onde tudo é sagrado, até o mais pequeno detalhe, é lá que habito, é lá que me visitas e lá que me escutas nas horas de amargura, nos desalinhos da vida. Eu, sou apenas a tua alma, aquela que vive no teu corpo, aquele fogo que te faz mover, aquele silêncio que te fala, ou aquele abraço que te faz tremer. Só existo na tua memória, para ti, sou muito mais que uma história qualquer, que um parágrafo de letras, ou um livro empoeirado na estante, sou a tua luz distante.

Angelus

Atrevo-me a pedir-te que feches os olhos, que olhes para dentro do teu corpo, como acto de contrição, como necessidade de absolvição. Não procures à tua volta aquilo que apenas em ti podes encontrar. Descobre, no silêncio da alma, a voz que te guia, a luz que te ilumina

António Almas

nas travessias da vida. Só assim poderás reconstruir a tua auto-estima, só assim poderás ressurgir das trevas, deixando atrás as sombras para subir as escadas desta casa em constante construção. Anda, segue-me pelos meandros do teu mundo, vem, quero mostrar-te a beleza que encerras, os recantos onde guardas o brilho que o teu olhar resplandece, mas que não vês, não sentes. Sente o sangue correr veloz pelo teu corpo, escuta o barulho do vazio que te preenche e descobre, no fundo do teu ser o candelabro que sustenta a energia que há-de fazer-te vencer. É lá que moro, é lá que guardo as minhas palavras, em velhos livros que já te esqueceste de ler. Aprende de novo a voz, para libertares o corpo e seguires o caminho da vida, duma forma mais ligeira, com as asas da alma a sustentarem o peso dos dias.

Dissertações poéticas

Infância

É no alvoroço dos dias que descubro a necessidade de abafar certos ruídos. Este agitar constante de vagas, de problemas e dilemas deixam-me a cabeça a andar à roda. É na Noite, ainda que escura e fria, que me atrevo a percorrer os corredores vazios de gente, procurando nos labirintos a saída para esta corrente que se faz rio e inunda a minha mente. Quando finalmente me liberto destas amarras, sou navio em mar alto, pássaro em céu estrelado, ou tão-somente, grito pela Noite abafado. É nestes delírios que deambulo por exóticas paisagens, por mundos de céus multicolores, por cascatas de águas azuis, ou por florestas de árvores fluorescentes, onde tudo parece ser harmoniosamente feito à medida do meu desejo. Nestes espaços amplos, deixo meu corpo solto, minha alma livre para correr pelos campos, por entre as flores e os ramos numa loucura pueril que só quem sabe voltar a ser criança consegue sentir.

António Almas

Já me deixas saudades

O desafio da vida é seguir-lhe os caminhos, sem nos perdermos do objectivo final, chegar à morte, sabendo que cumprimos a missão para a qual nascemos. Mas, como em todas as caminhadas, há os que se perdem à partida, os que se perdem nas escolha pelo caminho, e, aqueles que se deixam atrair por abismos, perdendo a força para resistir a tentações, perdendo a garra, as emoções de seguir a Luz que nos afasta das trevas. Por isso é importante não desviar o olhar do essencial, olhando para ele, como o destino pelo qual caminhamos. Infelizmente perdem-se almas nobres, gente que carrega a magia no peito, que na voz trás a clareza duma alma imensa que soçobrou ao vazio de não ser preenchida. Perdeu-se por estes dias, alguém que foi por muitos anos a voz dum sentimento, a imagem da beleza feminina, a força da fé num Deus enorme que a fazia correr para ele. Por estes dias, o Céu ganhou um anjo, e a Terra perdeu um bom pedaço das suas maravilhas,

Dissertações poéticas

porque o Inferno conseguiu esvaziar de sentidos alguém que tinha nascido para transmitir a mensagem dum Deus maior.

A Whitney Houston, já me deixas saudades.

Palavras

Queria ter-te escrito uma canção, que contasse desde o início todos os tempos e verbos, todos os sentidos vividos em nós. Queria ter tido a possibilidade de tocar-te uma música, cujo ritmo fosse de embalar os corpos numa dança onde pudesse sentir o calor da tua pele. Vejo agora, por entre amálgamas de letras, que as rimas se perderam no vazio inesperado de um momento de desalento. Percebo como não cheguei sequer a imortalizar o meu amor por ti em todas as letras que desenhei, em cada traço perdido no abismo branco da folha. Como vês, só palavras desconjuntadas saem dos

António Almas

meus dedos, sem o equilíbrio harmónico duma canção, duma melodia que não fui capaz de dedilhar, que não fui capaz de cantar-te. Hoje, no gelo pardo desta manhã, é na solidão dos meus instantes que recordo com saudade tudo aquilo que deveria ter-te dito, e não disse, tudo aquilo que deveria ter-te escrito e não escrevi, aquela canção que deveria ter-te cantado e para a qual não tive voz. Hoje, o Inverno gela-me a alma porque já não estás aqui, para sequer escutar o meu lamento.

Fruta madura

Escrever-te-ia na sombra desordenada do teu corpo, como se quisesse sentir-te perto, num acto louco de seguir o contorno aguçado da tua pele eriçada.

Assim, com a percepção do infinito, poderia fazer de teus sulcos horizonte e do teu vazio plenitude. É assim que sinto o perfume que persigo por entre franjas do teu

Dissertações poéticas

cabelo, quando me faço vento é assim que dedilho cada milímetro do teu ser quando me faço luz, eterno esse momento, que num breve suspiro se faz gente e que num gemido se faz fogo eterno. É assim, que sentado à sombra do teu corpo, escrevo os versos que me pedes, como se fossem feitos de dedos que escorrem pela sensualidade das tuas curvaturas, numa ânsia incontrolável de te fazer fruta, madura.

Pai

Há muito, muito tempo, um menino consciente da importância desse alicerce que é a imagem dum pai, oferecia ao seu herói um disco de vinil com esta música. Esse menino está hoje no meio desta encruzilhada de gerações, é filho e pai, tem um herói e já é ele mesmo um herói, mas não se esquece daquele momento atrás no tempo, quando era ainda um singelo vento. Para o

António Almas

meu herói, com o agradecimento de me ter ele também sido capaz de fazer herói para o meu filho.

Obrigado pai.

O regresso da Primavera

Hoje, volto ao lugar de sempre, no princípio dos tempos, onde sempre estiveste. Hoje, recomeço, renasço, reinvento, faço do meu pensamento o vento que te percorre, do meu deserto faço um lago, e do vazio te preencho com gente. Do meu tão cuidado silêncio faço grito, do meu labirinto faço um rio por onde desço até ao mar imenso dos teus olhos. Este é o meu mundo, aquele que se faz de montes e vales, de lagos e rios, de lágrimas e estios. É nele que te habito, é nele que vivo aquilo que em mim não consigo. Por isso, por mais que me afaste, por mais que vá, sempre volto. E tu, imensa como um universo, recebes-me sempre de braços

Dissertações poéticas

abertos, a cada Primavera, a cada regresso. Deixas que descanse as asas, cuidas-me a alma exausta de tantas ausências, de tantas quimeras, é assim que me esperas. Hoje volto, com os ventos da estação, com flores no coração, e reflexos de luz na alma, para ficar por mais um tempo, para sentir no teu corpo o meu alento e no teu canteiro florescer como flor acabada de nascer.

Meditação

Sabes, às vezes perco-me no meio das brumas dos meus sentidos, tentando perceber os caminhos que devo trilhar, as vontades que devo viver, e, aqueles momentos que preciso guardar, como lições que devo aprender. Nos momentos de profunda meditação, sinto na pele os arrepios que a música me provoca, que a ausência do teu toque me recorda, nas saudades que tenho de poder olhar-te, na profundidade dessa floresta onde moras. É

António Almas

assim que busco na alma as forças de que necessito para erguer os braços e lutar, para calçar as sandálias e caminhar. Esta vereda por onde desço as encostas do teu promontório é o destino que me há-de levar ao centro do teu planeta, onde mergulho nas cores da tua paleta.

Quimera

Se eu soubesse voar, percorreria todos os vazios da Terra, subiria aos Céus, e mergulharia nos desfiladeiros em voos picados. Se eu pudesse ser peixe, desceria aos abismos mais profundos dos oceanos, navegaria como barco pelos mares quentes do sul, e flutuaria como *iceberg* nas planícies geladas dos pólos.

Mas o meu corpo não me permite mais que viver à superfície, à tona dum destino preso ao chão, onde cada passo me leva em deambulação pelo mesmo círculo de

Dissertações poéticas

caminhos. Por mais voltas que dê, regresso sempre ao mesmo lugar, ao mesmo espaço, e, nem mesmo a deriva a que me dedico, me consegue provocar aquela vertigem de ser pássaro, de ser livre como um peixe no mar.

Mas, no vácuo do meu pensamento, para tudo há tempo, lá sou livre de pensar, de imaginar e criar as asas que me hão-de alçar, as guelras que me hão-de sustentar nos sonhos por onde quero navegar.

Uma questão de fé

Nada é por acaso, em cada acto há um sentido, em cada acção uma motivação, em cada atitude um objectivo. Nem nos momentos em que nos parece andarmos à deriva, estamos à mercê do acaso, em tudo o que nos rodeia existe uma cadeia de ensinamentos. As vitórias motivam-nos a seguir em frente, as derrotas a sermos

António Almas

humildes, os fracassos a sabermos que a dor existe. Mas tudo isto tem um propósito, a maturação duma alma em constante evolução. De outra forma, não teremos percebido o significado de ter vivido. De outra forma, não conheceremos todas as facetas deste universo em que caminhamos.

Neste tempo, em que a fé nos mostra que a morte não é o fim, mas um novo princípio, que a derrota não é um erro, mas a alternativa para uma nova experimentação, devemos olhar para nós, e perceber que qualquer que seja o nosso crer, estamos aqui com o objectivo de aprender a viver.

Não sei se escrevo

Não sei se escrevo sobre aquilo que sou, ou se sou exactamente aquilo que escrevo. Muitos são os dias em que me deito sem perceber se tudo aquilo que disse

Dissertações poéticas

correspondia ao que senti. Há por vezes uma dicotomia entre o acto e o sentimento, entre a afirmação e a negação, que me faz ser diferente do que sinto, do que escrevo. Eis que me perco, depois dos feitos, em convulsões sobre as atitudes, sobre o que poderia ser feito, um mar de "ses" que deixa o corpo cansado e a alma à beira de soçobrar. Porque me escondo da realidade? Porque são sombrias as acções vazias que por vezes me levam a ficar aquém das explosões de tristezas e alegrias? Esta contenção tem para mim uma só explicação, o medo da desilusão.

Vazio

Não há dimensão no vazio, por isso é imenso, infinito. Quero preenchê-lo com as minhas ilusões, com todas as vontades que tenho, que guardo e descrevo nos meus

António Almas

textos. Quero fazer do vazio, um universo cheio de luz e cor, criar nele o reino da magia, onde não haja noite nem dia. Quero fazer desse vazio tela, onde recrio os cenários, onde pinto as musas, ninfas encantadas que passeiam a beleza na penumbra.

Porque esta imensidão existe, e está oca, é preciso preenchê-la, para que do nada surja a plenitude de sentires, para que do escuro, nasça a luz sem limites que iluminará este mundo perdido, esquecido na alma da gente.

Tu serás nele altar, Sol e mar, que dará cor, sabor e sentido a cada pincelada de tinta fresca, a cada traço dum sorriso que desenho nos rostos, só assim faz sentido preencher o vazio, quando se acredita que ele é amor eterno, infinito.

Dissertações poéticas

Pergunto-me

É estranho como a vida me conduz, como a alma me dirige para onde devo ir. Não percebo como nem quando decidi a direcção, não entendo porque a escolha foi a correcta. Provavelmente porque a arbitrariedade é algo que não existe, e tudo aquilo que define o meu sentir, são letras já escritas nos livros dos destinos. Poderá que o acaso seja algo que está delineado como projecto em folha branca? Às vezes pergunto-me se sou eu que te levo aos lugares que visitas, ou se és tu, quem me aponta os caminhos a seguir. O facto é que não me importa quem domina ou é dominado, quem guia, ou desbrava cada pedaço de chão a ser pisado, o que me importa, quando me dizes onde te levo, quando percebo onde me trazes, é que vamos juntos a todos os lugares, e isso, basta-me.

António Almas

Fluxo

Há um fluxo de energia, entre os que vêem e vão, entre chegada e partida. Há uma vontade que chama, uma voz constante que demanda a vontade de ser, de existir em nós, sempre a crescer. Há no tempo uma dicotomia, entre a ânsia de ser gente crescida e a saudade da infância já perdida. Nestes balanços, segue a vida, contrapondo a cada instante mais um dia, desafiando a cada momento mais uma euforia, mais uma apatia. É neste ritmo que seguimos a viajem, de porto em porto, de abrigo em abrigo, procurando seguir rectos no caminho torto, tentando ser correctos quando tantos não o são. E sucedem-se os anos, a cada passo estamos mais próximos da estação de partida, a cada ciclo estamos mais certos do destino, mas não queremos parar-nos, não podemos, porque o tempo vem detrás e empurra-nos, por mais que com ele lutemos. Um dia seremos vento, brisa e nada, pó de tantas estradas calcorreadas para aqui chegar, ao destino que nos

Dissertações poéticas

aguarda desde o início da caminhada.

Em memória dos que partem...

Recordas-te?

Recordas-te do balanço da infância? Do prazer de sentir o vento afagar-nos os cabelos no vai e vem do corpo? Hoje guardamos em nós esses momentos, em que o balouço era a cadência duma vida pequena e singela. Nos silêncios recatados do ser, revivemos o sabor da brisa, essa alegria revista no sorriso que se esboça num rosto maduro. Estes instantes cobrem o chão da alma de chuva fresca, regando a floresta dos meus segredos. Vem, dá-me a mão, quero conduzir-te pelos trilhos secretos desta luxuriante vegetação, quero que me ensines o nome das flores, enquanto te falo do arco-íris de todas as cores do meu céu. Só assim, sentados no

António Almas

capim verdejante deste prado, podemos beber dos lábios a energia renovada de vida, que nos doamos em brandos murmúrios de partilha. Esta é a essência que te quero dar, neste lugar particular onde desenho o teu rosto, o teu brilhar.

Recriar o tempo

Quero recriar o tempo, para fazer dele o momento mais glorioso de cada instante, quero moldar o ar, para que seja um espaço infinito onde possa teu corpo olhar. Não quero compor a música do teu semblante, apenas escutar dos teus lábios o respirar, ofuscar-me na maciez da tua pele e adormecer no regaço do teu prazer, como se fosse em teu ventre nascer. Não há maior intimidade, do que a que podemos ter, entre a respiração acelerada e o silêncio desta madrugada em que nos fazemos ser. Por isso te digo, não quero plantar-te, quero ver-te

Dissertações poéticas

florescer, não quero teu corpo colher, quero apenas senti-lo em mim se perder. Só assim faz sentido ter, o que na verdade não consigo possuir, porque tu serás sempre um pássaro no céu dos meus sonhos, livre de seguir.

Perfume

Inalo o perfume dos teus cabelos, numa lufada de ar fresco, como se amanhecesses em mim a cada segredo, a cada detalhes que de ti conheço. O orvalho do teu corpo é a água que mata a minha sede, é a vontade de em ti permanecer para sempre, como se o tempo se tivesse arriscado a deter, e eu tivesse o poder de em ti para sempre me perder. No lago do teu ventre, mergulho os dedos, procurando a cândida maciez dos fluidos, na transparência dum prazer que te escorre dos olhos como lágrimas de alegria. Assim, com uma atmosfera

António Almas

carregada de fragrâncias, aromas e essências, deixo-me ficar, imerso na neblina do teu dia, que me abraça, como chuva fria em pele escaldante, depois de ter sido em ti amante.

Secretamente

Secretamente, num instante inebriante, a poesia desconcertante, onde a rima e a métrica não se conjugam, brota, envolta em sentidos induzidos, em abraços sentidos na pele que se arrepia. Não sei como acontece, que tipo de magia envolve as imagens produzidas na mente, sei que se pintam sozinhos os mundos, que, entre sons imaginados e toques inventados, tudo se faz presente, e, a gente sente. Este segredo, escondido nas letras, no pequeno espaço que as faz formar palavras, é um mistério que escrevo. Quero saber dessas essências, perceber como se

Dissertações poéticas

produzem os óleos que lubrificam a estrutura inconstantemente insustentável desta forma de escrita avulsa, onde não há histórias para contar, apenas sentimentos para ousar.

Um dia irei entender, como tudo isto se faz nascer, por entre parágrafos e orações, gerando em nós, tamanhas emoções.

Nevoeiro

Hoje passo por entre o nevoeiro, como se recebesse em meu corpo o teu abraço. Adormeço sobre o cetim das nuvens que mergulham nas cordilheiras mais profundas do teu instinto, e derramo-me como orvalho, sobre o teu dia. Rego-te os campos estéreis, com mil gotas de chuva, deixando que te vertas em cascatas, para o mar dos meus sonhos.

António Almas

Aromas

Agora, neste momento em que nada me segura, sou um objecto em desequilíbrio, pronto para soltar-se ao vento desta tarde. Quero apenas ver teu corpo deslizar, como se fosses seda nos meu sentidos, como se fosses oceano que vem banhar a minha pele. Sabes, quero saborear os teus aromas e perfumes, como se meus lábios fossem degustar-te a boca, num beijo intenso de prazeres. Encontrar-me-ia, na junção dessa tangente que nos é íntima, que nos pertence. Vem...

O silêncio do teu sorriso

Viajo na cor dos teus olhos, és a galáxia que comporta as estrelas do meu firmamento. Nesta sonoridade que se desprende da tua língua, vejo a melodia dos teus pensamentos. No silêncio do teu sorriso, percebo a luz

Dissertações poéticas

que te brilha na alma, que dá vida ao corpo perfumado dos teus desejos. Num momento, deixo fugir a minha essência, mergulhando na incongruência da tua vida, perguntando-me porque passo, como estrela cadente, pelo céu do teu mundo, gritando suavemente os teus segredos, descritos na ponta dos teus dedos. Deixa que te desperte, que acorde em ti a magia dos sentidos, fazendo-te nascer as asas de que precisas para voar no teu horizonte.

A árvore da vida

Aqui, onde o tempo se recusa a caminhar, onde o silêncio teima em não se quebrar, espero-te, sentado sob a árvore da vida, que estende os seus braços para me sujeitar a saudade. Aqui, onde cada detalhe é parte do todo, onde cada mundo é complemento dum sistema intrincado de leis gravitacionais que nos atraem, nos

António Almas

impelem ao choque, à fusão. Deixo que a Lua seja a luz que te ilumina a pele nua, onde sou mar, praia e onda que te afaga na torrente leve deste rio de emoções. Sente, como cada palavra é um beijo no teu corpo, na aleatoriedade das sensações que conduzem cada um dos teus sonhos. É assim que me despojo do físico, como se fosse roupa que me veste, como se tu fosses o nevoeiro que me cobre, com a ponta húmida da tua sensualidade. É incontornável, esta forma de ser, de estar e sentir, que nos enleia, nos presenteia, com a loucura, como o prazer duplo de te dar, de te receber.

Noite

Deveria ser como a Noite, que vem tomando o dia por entre a ausência de cor, num matiz azul que desbota o dia. Sabe-me bem permanecer, entre o frio da madrugada, aguardando pela aurora de novo. Esta é a

Dissertações poéticas

forma que mais me encanta para te ver chegar, com a tranquilidade de quem exibe as cores vivas e o brilho dum amanhecer que se espera áureo e cintilante.

Como te posso dizer, escrever, fazer sentir, o tamanho da emoção que me acordas, quando me despertas levemente com um beijo de bom dia. Não existe mais perfeita poesia que o teu sorriso acabado de despertar.

Desabrochar

Não existe apenas um momento, não existe apenas um tempo. Há uma multidão de instantes que nos aguarda, que espera pelo acordar dos sentidos, como se desabrochassem em flores tímidas, ao ver o Sol nascer pela manhã. Não há qualquer premonição, qualquer encantamento ou oração, na partilha destas emoções. Apenas o espaço vazio, com que preenchemos os prazeres, que como cascatas nos escorrem pela pele,

António Almas

em rios acetinados, que desprendemos pela pele nua, como inundações. Este é o limiar do nosso melhor instinto, o duplo gosto de estar em conjunto, nesta fusão perfeita de beijo e boca, de curva e convexidade, que preenche por completo a nossa complexidade.

Apoplexia da loucura

No imperfeito tempo, grito-me, palavras agudas, cheias de vazios, ecos e deixo que a turba cristalize, fique inerte e silenciada pela algazarra de falar sem ser ouvido. Monólogo, digo! Deixem-me falar comigo, quero dizer-me uma série de coisas de que ando esquecido. Clarão, consciência ou trovão? Não! Derrame de palavras fluídas que escorre, que se verte da mente aberta pela força da razão, ou da falta de compreensão de quem escreve sem saber o que diz. Loucura? Talvez não, apenas solidão! De quem fala e só se ouve, de quem não tem

Dissertações poéticas

capacidade de escutar, e se deixa derramar na sarjeta da vereda que contorna os caminhos tortuosos do seu destino. Berro, balbúrdia? Será que não! Libertação de quem não quer mais ficar agarrado ao grilhão.

Fonte

Em ti sou água corrente, que resvala pela vertente mais íngreme do teu corpo, arrastando comigo as roupas que te cobrem, num atrevimento displicente de quem te sente. Em ti sou fonte, jorro e fragrância que na ânsia dum arrepio teu, me faço vento, esculpindo cada contorno vago da tua pele. Quando mergulhas nos cálidos mares da minha loucura, preencho-te, dividindo-me em cada molécula que se quebra ao absorver a tua perfeita silhueta. Em minhas águas és rosa desfolhada, que navegas em deriva da tua vontade, ansiando por encontrar a verdade. No fogo ardente deste perfume que

António Almas

imolo, és fragrância de jasmim e canela, vela ardente de cor amarela, como o brilho do Sol que penetra o teu quarto, numa manhã de Primavera, em que adormeço em teu regaço.

Absorção da envolvência

Não sei porque me fecho sobre o peito, porque guardo no silêncio este lamento que grita baixinho. É como se chorasse por dentro, como se houvesse um mar que me afogasse em mágoas que não compreendo. É nesses momentos que não consigo entender porque estou aqui, o que faço neste lugar, é nesse instante que me afogo num drama que não me pertence, que equaciono partir para lado nenhum. Neste sítio de onde me vejo, chamo pela salvação, como quem quer ser perdoado, espero a redenção, com a certeza que um dia virá alguém para resgatar esta alma atormentada deste poço infinito de

Dissertações poéticas

tristeza, saudade e dor. Quisera entender esta lamúria e perceber onde a vida me tolhe, para saber como vergar-me à sorte e assumir que não sou mais que um caminhante para a morte.

Eu sei, que se um dia desejar partir, devo aguardar na estação, com as malas feita, pela eterna viagem que há-de levar-me à consagração duma alma que de tão pesada, não se sustenta num frágil corpo de menino. Nesse dia serei apenas brisa, vento e chuva, tempestade que lavará a calçada e fará do vazio um lago cheio de tantas lembranças.

Devo conter a minha sensibilidade, para que as dores do mundo não passem a ser as minhas verdades, de outra forma anteciparei o fim do meu tempo e serei igual lamento e não esperança, serei igual tormento e não a aliança entre a felicidade e a esperança.

António Almas

Pranto

Encontro-me, no rebordo do meu mar, feito de nuvens brancas que os penhascos vêem beijar. Para mim, este é o limiar, o espaço entre o céu e este oceano, o lugar de respirar a brisa deste pranto. Sento-me, vejo como o vento agita a brancura imensa deste sítio, como as ondas feitas de ar beijam as rochas sem se quebrar. Pergunto-me, o que haverá no fundo deste abismo? Serei capaz de nele mergulhar, ou confinarei a minha vida apenas a observar? Este mundo, no cume agreste deste promontório onde todos os meus sonhos são ventos e todos os meus gritos reflexos de tormentas, inflectem na direcção do horizonte, procurando para lá do mar, para lá de outro monte, a saudade do teu olhar, a vontade de contigo estar neste equilíbrio perfeito entre o mar de nuvens e o azul do céu infinito.

Dissertações poéticas

Precisaria

Precisaria de todo ar, como forma de soltar o corpo, deixá-lo à deriva neste mar de vento. Precisaria de toda a chuva, que pudesse molhar-me as entranhas, lavar-me as lembranças e afogar-me as mágoas. Precisaria de toda a Terra, um mundo inteiro onde enterrar os pés, criar raízes e fecundar-me entre verdes matizes. Precisaria da labareda, da fagulha, do fogo quente, ardente, que purificasse o meu sentir, que fizesse meu frágil corpo eclodir. Precisaria, mais do que todos os elementos, do teu sentimento profundo, do teu eterno amor, da conjunção de todos os pontos que formam a cruz, que fazem da vida uma luz que resplandece no fundo cilíndrico dum túnel escuro. Esta perfeita interacção entre os cinco pontos dos sentidos, conjugados na perfeição dos instintos, faz do amor a plenitude e preenche a Noite com a beleza dos astros, criados ao ritmo de quem sabe ser inventado, de quem se deixa ser moldado, ensinado, amado.

António Almas

Hoje mais do que em nenhum outro dia do meu passado, de ti, só de ti, precisaria.

Notas de silêncio

As palavras que te escrevo, são notas de silêncio onde me deito. Elas são reflexos, espelhos e sentimentos dum amor profundo, dum desejo intenso que se espraia na areia macia da tua pele. Estas letras que componho, são canções não cantadas, epopeias por terras distantes, passeios pela tua pele molhada. Esta saudade que lhes ponho, é a vontade escondida, na ternura em ti contida, que me amanhece todos os dias o corpo sedento do teu mais singelo beijo. Estas palavras que te escrevo, são rimas perdidas no vento, são brisas, desejos, sobretudo sentimentos que te abraçam nos contornos do teu dia. Estas frases que guardas em ti, são fios de seda tecidos com as vontades deixadas nos olhares trocados, nos

Dissertações poéticas

arrepios incontáveis que sentimos ao tocar-nos. Assim são as palavras construídas, como o enlevo de duas vidas que não caminham sozinhas, em tudo são enleios, como raízes escondidas da mesma árvore em crescimento.

Pontes feitas de letras

Há um imenso espaço entre os corpos, entre os toques e os desejos que preencho com pontes feitas de letras entrelaçadas em nós. Este emaranhado de sentidos é o calor que alimenta a saudade com que me visto, o reflexo do teu corpo quando te dispo com a ponta das minhas letras. É assim este bailado, em frases ondulado, com o fulgor de um tempo que não segue, na esperança de que o presente seja, não só o abraço, mas o fogo pungente do meu prazer em ti derramado. É neste jorro inflamado, que meu grito calado escorrega pela tua

António Almas

garganta, como lânguido néctar que se mescla no teu âmago. Fértil é o instante em que floresço no teu semblante como raio de luz que qual Sol nasce nos quadrantes do teu olhar. Esse é o verdadeiro momento de êxtase, quando em conjunto somos capazes de nos preencher, quando em uníssono nos completamos neste gemido calado do nosso abraço apertado.

Nadas

O silêncio das palavras, esse instante feito de nadas, onde a vocalização é absolutamente desnecessária, os fios que sustentam a nossa ligação são como finos ramos de árvores que se agitam no roçar dos troncos. A pele é papel imaculado e os dedos pedaços de carvão encantados com a maciez da tez, com o brilho da luz que curva os detalhes e se faz corpo em dimensões perfeitas exposto ao ar. Calo-me, não sou poeta, não sou

Dissertações poéticas

trovador, apenas um anjo que te quer dar amor. Porque o calor também se faz de silêncios, de palavras escritas no matiz do corpo, de desenhos inventados em oblíquas curvaturas, em arrepios e mordeduras nos lábios suaves do tempo. Para quê dizer o que os sentidos já sabem de cor, porque eu sei de ti como mais ninguém, porque tu bebes de mim o ar, eu, alimento-me do teu sentido estrito de entrega, quando em salto te atiras para o meu abismo.

Perpétuo movimento

Saber que amar é entregar o corpo e a alma sem esperar que alguém os segure, é arriscar o vácuo de indefinidamente cair sem ser alcançado. Mas, amar é efectivamente a vertigem da queda, que nos leva a tocar o céu, perdendo a noção do que está em baixo, do que está em cima. Não despertar desse perpétuo movimento

António Almas

é ser capaz de suster o tempo, de criar a eternidade com a simplicidade dum beijo, com o flutuar no espaço infinito sem se reger pelas leis da gravidade, obliterando por completo o mundo real, as suas regras e volumes, para ser nesse momento apenas e tão só desvario, loucura e perfusão. Só desta forma o amor pode ser emoção.

O Amor

Tu és o Amor...uma séria combinação de sensibilidade, saudade e encanto, polvilhada com a sensualidade que te é intrínseca, tudo isso faz de ti um verdadeiro tesouro, a descobrir, a dedilhar, a saborear e a cuidar, como se fosses botão de rosa por desabrochar.

Eu, sou um mero jardineiro, que de tanto procurar, na perfeição das palavras, acabei por te encontrar, escondida no meio da folhagem farta duma roseira brava, há muito por podar...

Dissertações poéticas

No reflexo

No reflexo encontro-me contigo, como se me olhasse por dentro, como se falasse comigo. Esta intimidade entre o espelho e o espaço que medeiam a tua imagem e a minha corre um rio, cheio de vontades, de desejos e sentidos onde precisamos de mergulhar os corpos sedentos. Neste fluido escorrem as saudades, como se fossem já eternidades, como se já tivessem sido instantes vividos, perdidos num tempo distante. Mas os átomos deste amor não se quebram, são elásticos como o vento, contornam-nos e abraçam-nos sem os vermos. É assim que sentimos, que falamos e gritamos os nossos mais ínfimos segredos, é assim que nos escutamos, no eco constante deste íntimo momento, a sós, frente a nós.

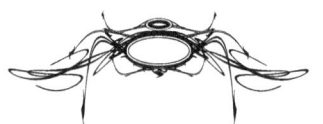

António Almas

No meio da noite

A viagem é longa, como quem demora por prazer, para chegar, para saborear quer o tempo do caminho, quer o momento em que aporta ao destino. É assim que faço quando te visito no meio da noite, com as pontas dos dedos em chama e a alma em pura deriva. Perco-me porque gosto de me perder nos recantos do teu prazer. Esqueço-me porque me apetece não lembrar como retornar ao quotidiano real dos meus dias, assim, fico mais tempo, obliterado, neste espaço apertado que nos cinge, abrangendo apenas a ínfima distância para respirar, para sentir os corpos roçar e as almas cantar ao ritmo das batidas do coração, compassadamente. Neste percurso, deixo pegadas suaves na tua pele, marcas tatuadas com as impressões digitais da minha alma, do meu desejo que a fogo se escreve nas letras escritas sobre este pedaço de papel. Quando despertas, sentes ainda no ar o perfume das minhas loucuras, e no corpo o gosto agridoce da minha língua que percorreu todos os

Dissertações poéticas

teus meridianos.

Arrepios

É no advento dos limites que gosto de encontrar os arrepios com que te visto a pele, os segredos com que afago os teus cabelos e as imagens com que pinto os teus universos. Já não sei mais se sou escritor, inventor, desenhador ou pintor, porque cada pedaço de mim conflui numa amálgama de sensações que geram a edificação dum ser quase impossível a que chamo Deusa. Este brilho incandescente que se propaga para além da tua carne, faz-te ser eterna, fulgente como o ápice do relâmpago, quente como a brasa dum lume pálido onde rescaldo as minhas gélidas mãos. Mas... Esta frágil sustentação só tem suporte no éter da minha ilusão, onde todas as imagens são possíveis e as personagens têm vida própria e conduzem-se nos

António Almas

cenários da minha imaginação.

Plantar-te a alma

Procurar em ti o equilíbrio, é encontrar a luz e a sombra que teu corpo projecta nos sentimentos que nutro, invoco e idolatro em ti. Não faria sentido ser apenas luz se não houvesse sombra, por isso vejo os detalhes iluminados do teu corpo com a substância de quem sente as palpitações da essência, forma difusa que em meus dedos transformo na pele que te crio, acaricio e moldo ao sabor do teu amor. Não pretendo a evaporação dos sentidos, desejo profundamente plantar-te a alma com florestas do paraíso e conceber em ti o anjo que te guiará pelos caminhos tortuosos dos destinos que te alcançam, só assim faz sentido ser a tua sombra e seguir-te no infinito espaço que nos rodeia. Vem, abençoa-me com a luz da tua presença, com a beleza da

Dissertações poéticas

tua existência.

Êxtase

Inspiro o calor suave das velas que se derretem na dança que nos cinge, que nos embala. O corpo ondulante e flexível que me ofereces é um mar imenso, de perfume intenso onde mergulho sabendo que não emerjo sem que me afogue perpetuamente na luxúria e no êxtase das tuas vontades.

De que outra forma se pode inventar a paixão, senão no ar ardente deste demente e insano pensar que pudemos voar, mesmo agarrados à Terra pelos laços intrépidos dum prazer, dum ser que de humano se faz anjo e de anjo se faz demónio, fogo-fátuo que consome a alma.

De não ser real, seria sonho. De não ser sonhado seria êxtase, e com este, queda precipitada pelo abismo da luxúria, percebendo que o vento que nos embala, é também o ar que nos segura. Abro os braços, fecho os

António Almas

olhos e como uma cruz, deixo-me tombar do penhasco, voo livre rumo ao fim dos tempos.

A dimensão da luz

Entendo agora a verdadeira dimensão da luz, a completa absorção deste desabrochar de sensações que constroem a alma de cada pessoa. Hoje, neste amanhecer, o dia será diferente, a luz da aurora deixará de ter o singelo brilho dum sol que desperta para mostrar a gloriosa força da energia que este novo dia emana. Poderá parecer insignificante o facto do meu corpo se comportar como se nada se passasse neste fluir de sensações, mas a realidade é que profundamente, onde se guardam os equilíbrios entre a atmosfera da minha existência e os pilares da minha sustentação, tudo ganha vida e força, tudo se agita como ramos de árvore ao vendaval, tornando-me um sopro forte de brisa que

Dissertações poéticas

segue para o infinito.

É assim que se conjugam e congeminam as forças do universo, é assim que se produzem os sonhos e se realizam as vontades, cimentando os alicerces e com o desejo de tanto querer, ser aquilo que sempre quisemos ser. A partir de hoje a alvorada jamais será igual.

Somente

Tento seguir com os sentidos a direcção da luz, como se fosse um girassol, perdido no meio do verde brutal deste imenso mar de plantas. Giro, oscilo, tentando captar o teu melhor brilho, o teu teu mais saboroso sorriso que asperges pelo ar. Quisera eu cegar, padecer de nunca mais te ver, se teu olhar meu fosse somente. Ainda assim, saberia cada raio de Sol, cada sombra em teu redor, de cor. E, mesmo nos dias de nevoeiro, o teu olhar, no meu seria certeiro, como flecha de cupido, que

António Almas

não atira ao corpo, mas ao verdadeiro sentido daquilo que por ti sinto. O Amor, que de tão lato e louco, de tão confuso se torna obtuso e torto, abraçando todo o teu corpo, na incandescência desta luminosidade que me deixa ofuscado pela tua graciosidade.

E quando a Noite cai, continuas a brilhar, qual estrela no meu ar, qual deusa em meu altar, por isso não adormeço e te velo, por isso te guardo e por ti zelo.

Sacramente intocável

A inexistência dum EU único, gera a divergência entre aquilo que é o puramente tocável, e aquilo que é sacramente intocável. Perceber que podemos tocar, possuir e tomar um outro corpo, não significa que sejamos capazes de ter dele aquilo que não se pode ver, ou sequer segurar com as pontas dos dedos. Esta dicotomia é balanço em mim, agita-me como mar revolto

Dissertações poéticas

e como não tenho a capacidade de dizê-la, dito-a nas palavras que escrevo. Este homem dividido em dois, em dez, é fruto da inegável inconstância de quem se divide em mil pedaços e depois se tenta aglutinar em textos feitos de palavras quase minúsculas, quase ilegíveis, mas com uma carga imensa de significados.

Ser palavra é ser igualmente universo, enquanto descrevo crio, e quando crio ouço-me claramente, não no timbre da minha voz, que não gosto, mas no doce trinar da alma, que em ecos de mente declama a vontade do outro ser que habita aqui. É assim que te chego, nesse som estranho que reverbera no teu subconsciente quando em mil textos sentes a voz da minha loucura, o insano grito da minha ternura plantado em ti.

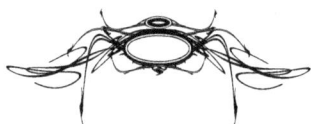

António Almas

A harmonia do tempo

Contesto a harmonia do tempo, porque o sinto, ora veloz como um cavalo a galope, ora incompreensivelmente lento, como a agonia. Tento enganá-lo, contorná-lo e fazê-lo expandir-se em tempos de euforia, comprimir-se na dor dilacerante dos minutos que teimam em ficar para nos maltratar, nos relembrar que a vida não é uma recta, mas um mar agitado de ondas a navegar. Por isso me insurjo como rochedo que persiste, que enfrenta um oceano de vagas, passando a palavra que há sempre um cabo de esperança, para lá da tormenta, onde a nau da vida pode velejar na paz tranquila das águas deste mar.

E se faço silêncio, se me guardo e desapareço, é porque também eu preciso ver, a luz desse farol, que no meio da tempestade me quer iluminar. É preciso confiar, acreditar, para resistir a todo este marulhar.

Dissertações poéticas

Prenúncio

Encaro cada detalhe como um prenúncio, como um aviso, uma mensagem que chega com a subtileza conveniente do destino, que, para não revelar futuros, se preserva em pequenas notas. Olho para a cor do céu quando está diferente, quando os seus matizes variam do convencional. Vejo as estrelas e perscruto o seu movimento, entendo porque vão e voltam, em elipses desenhadas no pano escuro da Noite. Consigo sentir a voz da minha intuição, apontando o caminho, focando o olhar, na pétala murcha duma flor bonita e frondosa. Porque não me limito a contemplar a beleza na globalidade? Porque me detenho no único particular de imperfeição daquele momento? Será que é o exacerbado perfeccionismo? Ou porque é lá que está a mensagem, naquela ligeira variação da continuidade.

É aí, naquilo que difere do hábito, que devemos procurar as mensagens, nessa singularidade, nessa extraordinária perfeição, ou, no pequeno e indelével

António Almas

momento imperfeito. Esta oscilação é denotada, quando sentimos com particular intensidade a energia da vida. Prestai atenção, vede sem padrões, e descobrireis outro mundo dentro do próprio quotidiano.

Filtros

Até onde a minha vista alcança a luz desenha as sombras pelos obstáculos que impedem mais ou menos a sua passagem. Estes filtros, que absorvem cores do branco iluminado, revelando ao olhar o que não desejam, formando o mundo que os nossos olhos contemplam. Afinal, a beleza é também ela um jogo de luz e sombra, o reflexo daquilo que é recusado e não é consumido pelas superfícies que ilumina. Este intrincado universo visível, é uma engrenagem que se rege pelos padrões com os quais fomos criados, somos filhos desta dicotomia entre o que aceitamos e recusamos, esta

Dissertações poéticas

bipolaridade que todos os dias nos conduz para todo o lado.

Mas, será esta a única forma de existência? Será mesmo esta a única máquina que funciona? Ou outros universos estão para lá do último raio de luz? Da última sombra? Do consequente silêncio mudo desta besta mecânica em que habitamos? Só temos de descobrir-lhe nas entranhas o escape, para respirar profundamente outro ar.

Interpelação da alma

Interpelo a alma, como se fosse advogado das trevas, acusando-a de falsas emoções, de vãs utopias e tantas outras maravilhas que nos faz crer serem possíveis. Defendo-me, como se estivesse minha alma condenada à morte, dizendo que seguramente não sente, quem não é dotado de sensibilidade. Que não entende, quem é

António Almas

demente. Por isso, não percebe que esse mundo, que parece utópico, não é mais que o lugar desejado por todos os que não gostam de vãs sensações como a inveja e o ódio. Neste julgamento em que se digladiam as dicotomias dos meus EUS, sinto que a luz é o mais poderoso ser. Que segui-la faz mais sentido que escondê-la, e que as trevas são lugares onde caminhar não é possível. Pelo que me sentencio à Luz Eterna, como forma de prosseguir a caminhada que me espera para lá das nuvens desta guerra.

Oleiro

Fiz-te com mãos de oleiro, do barro amassado tingi a tua pele, do retorcido contorno dos dias fiz o brilho da tua tez. Em meus dedos te despi, com o detalhe de quem desfolha uma margarida, com a doçura de quem beija a brisa, mulher te fiz minha querida. Depois desse

Dissertações poéticas

momento de inspiração, em teu corpo fui furacão, despertando cada desejo, preenchendo-te com um beijo, intenso e doce, em lábios mornos, corpo cheio de adornos e carícias que meus sentidos deliciam. No chão fértil do teu ventre, cravei o meu corpo feito semente, plantei-te de vida, e em lágrimas de alegria sobre ti chovi. Em ti meu mar fiz, em ti tua terra arei, teus sonhos plantei e meu amor te dei.

Da luz do teu corpo nos multiplicamos, nos fizemos povo e tomamos terras infinitas, gentes perdidas deambulando pelo mundo. Se é pecado amar assim, tu serás para sempre minha Eva e eu Adão em ti.

As chamas dos céus

Diz-se do fim dos tempos que virão os céus em chamas e purgarão o mal da face da Terra. Diz-se que o final se aproxima, que o mundo está perdido e que tudo se

António Almas

resume a um calendário. Eu penso que a finitude da vida não tem uma data definida, que aquilo que somos não se limita ao espaço físico que ocupamos, que os planetas nas suas derivas alinham-se e desalinham-se como os problemas em filas de espera para chegar a casa, ou comprar uma prenda de última hora. Digo que o fim chega, quando perdemos a força que nos move, quando o corpo deixa de palpitar e o destino se deixa entregue à sua sorte. Afinal, não somos só aquilo que vemos ao espelho, aquilo que tocamos ao apertar a mão de um amigo, somos a energia que movimenta galáxias, que ilumina estrelas e que faz do Universo uma panóplia de mundos que começam e acabam em soluços de milhões de anos feitos de pura luz. E o escuro? O escuro é apenas o momento em que algo se interpõe entre a luz e os corpos, uma sombra que apenas não se atravessa por instantes, e que mesmo distante, a magia da claridade consegue ofuscar.

Dissertações poéticas

inalcançável

A inalcansabilidade deveria ser um termo que qualificasse aquilo que não se encontra ao nosso alcance, aquilo que queremos alcançar, mas, sabemo-nos incapazes para lá chegar. Todos sabemos que, de alguma forma estamos limitados, em altura, em distância, em profundidade, ou, até mesmo em consciência. Por isso este termo devia ser como uma esfera cristalina que nos envolve, o limite possível até onde podemos estender, seja o nosso corpo, a nossa mente, ou até a nossa alma. Por mais expansivos que possamos ser, há coisas que jamais poderemos deter, sabemo-lo, por mais que nos custe a querer. A minha incapacidade para ir mais além no espaço-tempo duma vida, é o limite do meu corpo, para lá do qual apenas a minha alma pode expandir-se, mas este, o físico, restringe-se à morte, ao fim. Psiquicamente é igualmente inalcançável aquilo que não consigo pressentir, que pode vir e não vir, mas que não adivinho, não intuo ou não

António Almas

sinto. Esse limite, por muito vasto que seja, existe, e há um momento em que por mais que deseje sonhar, não consigo fazê-lo, por mais que sonhe ser, não consigo transfigurar-me, e por mais que seja apenas este, não poderei ser aqueloutro. É preciso perceber onde fica o limite da nossa inalcansabilidade, só assim poderemos saber o que somos e como podemos ser, dentro daquilo que é permitido a um ser.

Nos teus cabelos

No mar ondulado dos teus cabelos doirados, entrego minhas divagações, minhas mais ténues e sentidas emoções. Esse embalo é como um voo pleno no ar quente e no perfume ténue da alma de quem escreve. Neste interlúdio, em que o som da tua voz me enleva, sinto a corrente que me preenche, como água morna deslizando pelo nu vazio da minha pele. A poesia não é

Dissertações poéticas

apenas um ritmo de cadência, uma doce demência que nos faz esquecer da realidade, durante um instante que nos prende à letra escrita, à palavra declamada, é também um elixir que nos alimenta, uma frequência que nos estimula o sangue a pulsar, e o corpo a vibrar como as cordas dum violino em puro desatino. Por isso sempre digo, abençoada Deusa, que nesta sintonia perfeita, nos deixas rendidos aos pés do teu destino, como náufragos que imploram a salvação, através da tua benção.

Sentidos

Sabes onde vou buscar os sentidos? Onde invento as sensações? Ao espaço aberto da tua alma, onde pássaros voam, e anjos entoam canções de amor. É na sombra da tua floresta que encontro a tua voz, cantada pelo vento, ali vejo acontecer a tua vida, entre as folhas e os animais selvagens, nesta aragem que me abraça

António Almas

com a ternura de outros tempos. Assim adormeço, esquecendo o corpo num recanto qualquer e voando nas asas do teu dorso, como colibri que persegue o néctar das tuas flores, esperando por ti, um dia, num corpo de mulher, no fogo dum beijo, no aperto dos braços que como raízes me comprimam contra teu peito, para sempre. Entendes agora porque há em mim poesia? Porque tua alma a minha extasia.

Jardim secreto

O vazio da existência preenche-se com os sentidos, um instinto de sobrevivência a que recorro nos dias mais compridos. Sento-me no meio do espaço, escrevo pelas paredes os desejos guardados e abstraio-me da realidade, como se pairasse sobre o ar que me rodeia. Em noites de Lua cheia, navego na prata das emoções, como caravela perdia no lago dos corações. É assim que

Dissertações poéticas

me preencho, esvaziando o corpo para ficar ampla a sala onde me deito, onde sonho e onde dormito pensamentos. Assim nasço da árvore dos tempos, qual fruta fresca numa manhã de Primavera, saboreando o açúcar do Sol que se derrete em raios de calor sobre o torpor da manhã acabada de chegar.

Um dia hei-de ser o mar que inunda o teu vazio, o Sol que aquece a tua pele, o dia que amanhece a tua noite, e a Noite bordada de estrelas que enfeitará os teus sonhos. Por agora sou apenas um espaço aberto, qual jardim secreto onde guardo os meus medos.

Perca

Esta perpétua sensação de perca, de ausência de queda, provoca-me os sentidos, os desequilíbrios e deixa-me à deriva no mar dos delírios. Não sei como nem porquê esta eterna insatisfação, esta

António Almas

incompreensão que roça a loucura e me deixa em plena correria. Para onde vou? Por onde passei? De onde vim? São ecos perdidos nos meus sentidos. Tento encontrar-me, equilibrar-me no balanço das letras, nesta eterna paixão que é a ilusão de criar e fazer mundos com as mãos. Mas depois, olho o papel despido, corpo sem sentido de ti mulher. Onde estás? Porque me escapas entre dedos quando te acaricio e te vejo verter como areia a desvanecer na praia deserta de corpos. Áh se eu soubesse ao menos como olhar-te, com que mãos tocar-te e fazer nascer em ti um jardim repleto de jasmins, alecrins e outras ervas perfumadas. Mas não, é tudo demência, ilusória criatividade que não te trás, não te faz em mim ser verdade.

Dissertações poéticas

Inesquecível

Ainda guardo no meu silêncio a história por contar duma vida inesquecível, vivida no limiar da loucura, no precipício duma fogueira que arde e consome todos os fogos que arderam sobre a face da Terra. Jamais poderei descrever por palavras, todos os detalhes desse instante em que a confluência dos nossos mundos chocou e fundiram numa única esfera de prazeres jamais imagináveis. Por isso não falo, não escrevo, nem sequer tento inventar palavras que possam macular esta eternidade que foi, apenas um breve instante no imenso tempo, uma pausa na corrente dum rio que extravasa as margens e segue em fúria, arrastando-nos para qualquer lugar.

Quando me vejo a soçobrar, paro, sento-me e revejo, em câmara lenta, cada imagem retida na memória, como se fosse um fotograma no filme da vida, que se repete vezes sem conta, até a alma recuperar e voltar a caminhar junto com o corpo que não a abandona.

António Almas

Hei-de voltar, ao mesmo lugar, porque em todas as vidas há uma inevitabilidade, e eu não quero fugir de sentir, de novo aquela erupção que arrepia todos os poros do corpo, fazendo a alma evaporar-se como perfume que preenche o ar da tua fragrância inolvidável.

Implacável

Se o silêncio fosse apenas e só implacavelmente doloroso, eu abominá-lo-ia, contudo, sem ele, a cacofonia de ruídos não nos permitiria escutar o som das palavras quando ditas, e, estas, não teriam a força que ganham ao ser pronunciadas no ar tranquilo dos momentos. Talvez por isso me seja importante esta pausa de barulhos, para poder reflectir no som das falas que poetizam os destinos de cada verso escrito, de cada instante sentido por dentro, nas paredes da alma que espera, calmamente, o inefável destino.

Dissertações poéticas

Hoje escuto-te, neste inebriante silêncio que quebras com mestria, na declamação desta poesia feita de prosas descritas em vontades, sentidas à flor da pele.

Osmose

Gostava de poder enlear as minhas palavras nas tuas letras, como raízes finas da mesma árvore, como gotas de brisa do mesmo mar. Queria poder impregnar-me da tua essência numa osmose perfeita entre sensações e emoções, para poder saber-te dentro, profundamente dentro, da semântica do meu texto. Esta hegemonia que ocupa todo o vazio, preenche-me a alma com a melodia da tua voz, do teu dizer, essa única forma de seres. Este ínfimo detalhe que procuro, é ápice da tua criação, o auge desse instante em que os nossos pensamentos se fazem vento e este declama letras em forma de amor.
Fico à espera, que regresses de tantos mundos em que

António Almas

te divides, de tantos gestos de carinho que asperges sobre a multidão de gentes que a teus pés se deita, à procura da salvação, ou na simples ilusão de que poderão sequer tocar o teu alvo semblante de Deusa magnificente. Mas tu compadeces-te, descendo das alturas, como mãe imaculada, estrela pura, salvando cada um que de ti se abeira, com uma palavra sincera. É por isso que a poesia é infinita, religião de quem acredita na palavra como forma de expiação, como alma de quem sente com o coração aquilo que escreve.

Dislexia

Esta dislexia que se apodera das minhas letras quando tento descrever círculos em redor do teu corpo, é reflexo de quem treme, de quem sente neste movimento elástico que se restringe em torno desse mundo tão teu, a agitação deste mundo meu. Esta demência que não sei

Dissertações poéticas

descrever se é pura carência ou excesso de ausências, inunda-me, como vaga lenta, num turbilhão de sentires que arrepiam a pele, que fazem meu corpo cair em tentações estranhas em redor dos teus lábios de carmim. Ouço os sons que a tua alma reverbera, ondas cósmicas que gravitam o meu espírito, como asas de anjos que mergulham em queda livre sobre o abismo obscurecido do meu discernimento. Ainda assim, sinto-te, preenchendo cada greta desta estrutura obsoleta que é o corpo, em decadência premente, em agonia constante, que só o sal das tuas lágrimas pode lavar e decorar com sorrisos de alegria ao olhar-te quando chegas devagar. Não sei como acontece, mas sempre que me perco, sempre que me mato, tu rejuvenesces-me, ressuscitas-me e resgatas-me das garras das trevas, só com um simples sopro do teu sorriso.

António Almas

Viagem de regresso

Sabes, é na harmonia das músicas que dia atrás dia partilhamos, que empreendo a viagem de regresso ao âmago dos nossos sentires. São elas que me fazem chorar e rir, sonhar e sentir o arrepio na pele, como se fossem as tuas delicadas mãos, afago, abraço de coração. Este bailado, tantas vezes a sós executado é ensaio, para o momento em que estivermos frente um ao outro, quero saber segurar a tua cintura, olhar profundamente no brilho dos teus olhos e deslizar nossos corpos pelo ar, como nuvens a dançar num céu azul.

Sei da ansiedade que partilhamos, dessa contida vontade de nos amarmos livremente, no espaço aberto do tempo, de ficar juntos em todos os momentos, por isso espero, a cada dia a tua chegada, como carta tão amada, num simples olhar, numa música de encantar, ou até, numa promessa de que a eternidade sabe esperar e o nosso amor também vai aguardar, para com certeza se

Dissertações poéticas

abraçar.

Profundidade

Quero poder descrever-te ao pormenor a profundidade com que te escrevo, a cada dia, a cada noite, a cada instante, mas não encontro mais letras que criem os sentidos imensos que nem o céu pode comportar, que nem o oceano pode conter. As minhas emoções são já uma chuva meteórica que se precipita dos céus, como se todas as estrelas do firmamento caíssem numa tentativa de tangencialmente roçarem o teu mundo num afago estelar de dimensões bíblicas. Não consigo conter todas estas explosões descoordenadas de letras que se acotovelam para formar a palavra mais bela, a frase mais extasiante que consiga arrepiar um único poro da tua pele. Podes dizer que sou louco, que perdi a noção de espaço e de tempo, que vivo por entre nuvens, mas é

António Almas

no meio do nevoeiro que minhas asas crescem e os meus sonhos mergulham como golfinhos nas águas do teu ventre.

O meu corpo, a minha mente e os meus dedos não são mais capazes de suster esta convulsão que jorra da fonte que em alvoroço rompe a rocha fria e faz brotar a fonte de água viva que preenche a clarividência que em mim acorda quando estás aqui, por entre as florestas do meu mundo.

Ventos de Assuão

Quando os ventos de Assuão baixarem sobre o teu ventre, no sopro quente da minha exalação, nos cumes dos teus seios as neves derreterão, e os fluidos do teu corpo despertarão em lentas correntes que se arrastam como mel, preguiçosamente até à porta húmida do teu prazer. Serei apenas isso, um vento quente, vindo dos

Dissertações poéticas

desertos estéreis, que vai subindo pelo teu corpo, absorvendo a tua humidade como uma língua invisível que serpenteia pelas tuas vertentes, sentes? Esta ebulição que transpira os poros, que agoniza por oxigénio para alimentar a combustão, esta explosão preste a dar-se, como se dão os corpos quando se fundem nos braços e se colam nas gotas quentes jorradas em torrentes de vícios a ter, a sentir, a beber. É frenético o tremor com que os meus dedos deslizam, procurando os sensores que emitem teus odores e que descarregam na atmosfera carregada de gemidos, espasmos de energia que electriza o ar em redor, sentes?

É desta alquimia, feita de tacto e magia, de imaginação e sedução que se constrói a arte de fazer o amor, na dose certa de loucura, tensão e paixão que desencadeiam a sensualidade desta fusão, entendes?

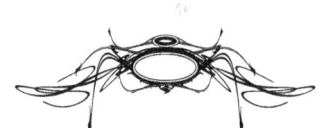

António Almas

A maior perda da minha vida

Há questões sobre as quais não pensamos até sermos confrontados com elas, ou porque tememos as respostas, ou simplesmente porque não queremos admitir que esta é incomportavelmente dolorosa. Confrontado com o balanceamento entre ganhos e perdas ao longo do percurso de vida, meditando sobre o assunto, maturando a resposta, penso que o fulcro assenta exclusivamente num ponto, a perca da inocência. Esta talvez tenha sido a maior perda da minha vida, perder a capacidade de acreditar que todos nós somos inocentes nas escolhas, nas decisões.

Até um determinado período da minha vida acreditei piamente que a humanidade era um conjunto de pessoas boas que tentavam seguir o caminho da luz, da palavra e da honestidade. Que apenas os justos poderiam singrar na vida, e que jamais um ser humano agrediria outro por questões tão banais como a inveja e

Dissertações poéticas

a perfídia.

Quando tomo consciência deste mundo, tão duro e real como este em que habitamos, com a constante tendência para o engano, para a falsidade e para a falta de palavra que esta sociedade permissiva está a instaurar, perco a minha inocência, esta qualidade quase virginal de aceitar o bem e nem sequer conhecer o mal. Gerou-se em mim um tumultuo, uma agitação que ao longo dos anos se tornou frenética e me levou a criar máscaras e formas de parecer ser comum entre os maus, e puro entre os castos. Mas esta dualidade de seres num só ser tem custos elevados, tem dores insuportáveis e terramotos que destroem e corroem a alma mais pura, desgastando-a, consumindo-a e obliterando-a.

Aprendi a sobreviver entre os predadores, vestindo-lhes a pele, sendo mais um entre tantos, mas conservando a minha sanidade num mundo à parte, como que mergulhada no éter dos sonhos, onde a realidade não pode ofuscar o brilho e a radiância da imaculada pureza

António Almas

de espírito. Assim enlouqueço, emparedado entre mundos, não me identificando com o mais nu e cru, mas não conseguindo alimentar-me do mais iluminado e translúcido. Mas há vitórias, que ao longe até não se enxergam, mas que há medida que nos aproximamos do fim do caminho se tornam claras. É gratificante ver que conseguimos chegar mais longe do que nos parece, tocar mais pessoas do que pensamos poder alcançar, fazer outros felizes quando achamos não encontrar em nós a alegria. Esta dádiva que por vezes me exausta, é ela própria uma glória que me marca, poder ser útil, necessariamente útil, é o fascínio da idolatração, do desprendimento, que me leva ao limiar das forças e me tolhe, mas igualmente me enaltece.

E heis-me aqui, prostrado, derrotado, cansado, procurando um caminho do qual ando desencontrado. Procuro respostas, instigas-me actos, argumento, avanço e recuo, tento resistir e desistir, seguras-me a mão, dizes-me que queres que fique, mas não sei onde estou, quem sou e porque sou aqui, diante de ti, um ser

Dissertações poéticas

sem rosto, exposto numa vitrine avermelhada. Que homem sou? O que faço aqui?

Prazer inexpugnável

É no papel da tua pele que desejo escrever-te, na seda suave, na maciez inexpugnável desse prazer arrepiante que é ter, o sabor e o perfume desse teu lume na ponta da minha língua. Não falo duma tatuagem perene, mas de um livro efémero que a cada noite transcrevo nas curvas da tua silhueta. Não é um escrito banal, é uma declamação sem igual que quero perpetuar na curvatura dócil da tua existência de mulher. Anda, ajuda-me a declamar a euforia, a recitar em alegria a vontade de beber do teu cálice sagrado, esse mosto que a gosto perscruto. Segura-me os dedos, para que não trema nas palavras enquanto acaricio as tuas protuberâncias, para que a vibração dos nossos corpos sustente a inevitável

António Almas

agitação das almas e o crepitar intenso das libidos se derreta em visões de paraísos. Diz-me, com a mansidão da tua voz, com o delicado toque da tua mão, como controlar a labareda que me consome, como guardar-te no meu corpo, incólume, a esta fogueira de emoções que faz com que nos desfaçamos em emoções incontroláveis de prazer. Anda, ensina-me a morar no teu corpo, a viver na tua alma, a ser em ti, meu corpo.

Inusitado amor

Inusitado amor, que me transtorna, que me devora sem qualquer demora. Sensação, emoção, tumultuo que me possui, que no meu sangue flui como derradeira vontade. Vaga gigante, ansiedade de prender meus braços em teu redor, de ser em ti mais que amor. Não sei declamar o desejo, mas preencho-te o corpo num beijo, sem pejo, sem temor, tremendo na excitação da

Dissertações poéticas

lascívia paixão que me consome por dentro. Peca em mim, como se fosse capital este pecado imortal de amar incondicionalmente, paradoxalmente, desconcertantemente. Esquece por instantes as regras, segue instintos e mergulha no mar líquido da luxúria que em mim é já gozo, transtorno e psicótica alucinação de me preencher com a tua tensão.

Chamar-me-ás louco, insano e impuro, mas é nesta incomensurável ternura que te amo, desmesuradamente, como quem sente sede, como quem quer beber até por ti, morrer de amor.

Peço-te o silêncio

Peço-te o silêncio, sob forma de letras, onde penso, onde escrevo como se não existisse espaço entre o papel e o meu alento. Peço-te o abraço, porque em meu regaço tudo é vão, tudo é vento, e esta falta de chão é

António Almas

para mim tormento. Ouve-me, no oscilar da folhagem, no cantar dos pássaros, ou no pôr-do-sol onde a música é melodia de embalar. Adormece, como se não houvesse mais acordar, e tudo o que te permitires sonhar, se irá realizar. Não sou a carne que te aquece, o manto da Noite que te envolve, sou a névoa que te cerca, a bênção que te refresca e a vida que desce pelo teu sangue até ao ventre. Sou a palavra ditada, metáfora inventada e a prece cantada em tons de pregão, porque nasço na fonte da tua vida, como se fosse água abençoada que se precipita dum céu cheio de promessas e paraísos. Posso até parecer-te utopia, mas no fundo sabes que tudo em mim é fruto da magia.

A palavra

Tudo começou com a palavra! Ela quebrou o silêncio e fez-se ouvir em mim, reverberou na minha alma e fez-se gente, cresceu, floresceu e vestiu todos os meus sentidos. Falei-a, disse-a e ela tomou o meu corpo, arrepiando a minha pele. Nesse instante soube que esta criação não tinha nascido apenas da minha imaginação, era já poesia que fluía na brisa da manhã. Cantei-a e ela transformou-se em melodia, dancei-a e ela fez-se movimento, envolvendo-me num abraço apertado, como se fosse eu, verbo, acabado de ser criado.

Nesta explosão majestosa de alegria, era a palavra, já euforia quando descobri como escrevê-la, como declamá-la e amá-la eternamente. Não, não estou demente, ela é em si a essência da existência, propalada, escrita e falada por todos os que como eu a sentem, dizendo mais alto, tocando mais intimamente, a saudade de sermos muito mais que simples vozes.

Depois de encontrá-la em mim, entreguei-me a ela, para todo o sempre.

António Almas

Filho,

Passaram já muitos anos e, a esta distância do começo, olho para trás e vejo, que ao invés de ser eu a criar-te, foste tu, com a tua chegada que me fizeste homem. Há um tempo para cada sentimento, um momento para cada viragem, e tu, meu filho, foste aquele momento em que deixei de ser menino para ser adulto crescido. O teu nascimento e os anos subsequentes foram amadurecendo os meus sentidos, e, numa mágica permuta, deite a minha meninice, em troca, deste-me a matura consciência que me veste.

Hoje, penso, quando me lembras se já fiz um qualquer dever, se não me esqueci de dizer que vou partir, ou que acabei de chegar, que continuas a moldar a minha vida, a ensinar-me que também um filho pode estar atento, quando um pai entra na idade do esquecimento.

Desejo que também tu um dia possas dar a alegria de passares essa pura inocência a uma criança que te vença, que te amadureça e te faça seguir a caminhada que te espera.

Amo-te

Pensamentos

Vens em vagas espaçadas deitar-te na minha praia, revolves-me a areia, roças-te pelas minhas rochas polindo-as, cravando-lhe os teus dedos de água, provocando-me uma inundação de prazer. Neste vai e vem o teu corpo excita-se, arrepia-se ao toque fugaz, entrega-se, desmaia sobre as macias areias da minha existência. Mas a força que te impele para mim é igualmente forte e afasta-te para alto mar, mergulhando-te na escuridão do oceano por tempo indeterminado. Fico à espera, com a ilusão de que vais voltar e nunca mais chegas. Pergunto-me se vens apenas por curiosidade, se foges por medo ou a saudade é tão imensa que mesmo não podendo, voltas a projectar-te,

António Almas

vaga, sobre meu corpo, inesperadamente. Este enigma gera em mim proibidos pensamentos, desejos e vontades que fenecem com a tua ausência, e, quando penso que nunca mais vais voltar, regressas, qual maremoto tomando-me avassaladoramente, enrolando-me na crista da tua onda, desnorteando-me. Canta-me teu cante sereia, não me atarei ao mastro, mergulharei contigo nas profundezas e morrerei sem fôlego pelo fogo que me prometes.

Adeus

Não há uma formula para a despedida, não há uma palavra para o fim, porque na realidade não existe um terminus, apenas um hiato, entre o começo e a continuidade do verbo amar. Não há um eu amei-te, nem um eu amar-te-hei, haverá sempre um eu te amo, porque é no presente que vivemos. Contudo, a distância que por

Dissertações poéticas

vezes se coloca entre as letras, dispersa o sentido que todo este sentimento faz, deixando-me à deriva, incapaz de continuar, por isso te digo adeus, deixo a Deus o destino de te reencontrar, mais à frente neste caminho que é o amor eterno que por ti sinto.

Saber ouvir-nos

Sabes porque há um espaço entre cada palavra? Para que possamos ouvir o silêncio e decifrar o que nela está contido. Sabes porque me calo por vezes? Para gerar esse mesmo interregno entre sentidos, para que possas ouvir-me mesmo que não te fale, para que me escutes, mesmo que nada te diga. Há tanto eco no quotidiano que perdemos por vezes a noção de equilíbrio, descontrolando-nos. Seria perfeito se soubéssemos ouvir-nos, nesses pedaços abertos entre cada aglomerado de letras, entre cada palavra dita. Respirar, necessitamos dessa pausa, desse hiato, para absorver o ar, e com ele beber os sentidos correctos de ser humano, apaixonadamente fiel ao princípio que nos distingue de todos os outros. Porque pertencer à multidão, não nos define senão como um todo, igual e homogéneo, contudo, esse momento de paragem entre advérbios e sujeitos, predicados e verbos, faz para mim toda a diferença entre ser mais um na imensidão de muitos, ou ser aquele grão de areia que faz parar a trituradora máquina de hegemonização que é a sociedade actual, onde já todas as palavras se escrevem sem regras.

Amor de mãe

Hei-de chegar de madrugada, quando o tempo se dilata e a Noite se alonga. Virei com a luz das estrelas para iluminar a penumbra, desenhar-te a pele em tons de Lua

Dissertações poéticas

e abraçar-te com a brisa que te afaga. Sentir-me-ás nas asas dum abraço que te contorna o corpo e te aconchega no meu regaço. Serei o beijo da alvorada, um prenúncio de chegada, uma antecipação do prazer que te há-de inundar no toque suave das minhas mãos. Dormes ainda, contudo o teu corpo sente o calor da minha presença, o toque indelével que pousa sobre teu ventre maduro e doce, que me recebe no âmago húmido da criação. Expiras, como quem suspira após ter recebido um desejo pedido. Agora habito-te, vivo dentro de ti, e, dentro de ti me farei homem, crescerei e nascerei para a vida. Amar-me-ás como a homem nenhum, na forma mais pura que o amor te concedeu, o amor de mãe.

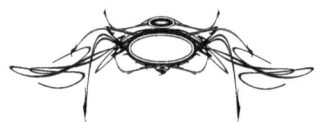

António Almas

Espírito

Sabes porque sentes a minha presença? Porque te questionas sobre os meus pensamentos? Os meus sentimentos? Porque difuso nesta neblina que é a Alma, há um espírito que voa pelo ar, uma energia que se propaga como raio em Noite de tempestade, atingindo a tua aura, electrizando a tua pele e despertando o teu corpo para essa inabalável vontade de seres mulher nos meus braços. Não adianta fugir, desviar o pensamento, disfarçar esta tendência para o abismo que é o mergulho do precipício para o vazio do amor. É desta inevitabilidade, desta força gravítica da atracção que se vaticina o nosso destino. Este choque brutal de mundos divergentes que convergem para o vórtice que os há-de mesclar num único e estável fluido, esse éter de que somos, tu e eu, feitos. Toda esta sensualidade intrínseca, esta labareda acesa, facho que ilumina a Noite inteira, há-de queimar-nos um dia a pele, ser apelo místico ao momento em que tudo confluirá para um ponto e

Dissertações poéticas

implodirá num abraço profundo. Far-se-á silêncio... Profundo silêncio, aquele de que às vezes se precisa para se ouvir tão-somente, o universo, o nosso universo.

Inspiração em apneia

O que pedem os teus dedos ao tocar-me a pele adormecida? Ao descortinar-me os sonhos? Ao tentar beber-me dos lábios os delírios? Pedem-me desejos, diáfanos sentidos perdidos entre os poros duma pele despida, e sonhos, imaginados numa frase perdida. Jazo ali, sobre o leito de cetim, onde pairam as palpitações e todas as dores são agora trovões duma imensa tempestade. Pareço morto, acabado para a vida, onde já nem as palavras descritas parecem aportar-te o conforto de outros tempos. Velas-me, como negra viúva, na abstinência do sangue corrente que é agora pedaço de vazio silente. Nada se move, nem os dedos, nem a

António Almas

mente, nem a ilusão nem, mesmo aquela fantasia que por tantas vezes te extasiava de loucura, só de sabê-la escrita e folha pura. Cerras-me os olhos, num último adeus ao corpo que conheceste como meu, uma derradeira despedia aos dedos que foram em ti carícias, feitos de carvão e tinta no humedecido papel da vida. Não estou mais, a Alma evaporou-se e deixou-te apenas ressequido o invólucro, o casulo que durante décadas habitou essa borboleta que agora se soltou e voo para o céu infinito. Será assim um dia, em que o cinza do firmamento apague todas as estrelas da imaginação e morra comigo toda a ilusão.

As arestas do teu corpo

Perdura esta sensação insana de que consigo caminhar até às arestas do teu corpo, adentrar-me na escuridão da tua caverna e escalar os anéis que sustentam os

Dissertações poéticas

seus tectos húmidos até ao âmago do teu útero. Será uma reminiscência dum tempo em que em ti fui fecundo? Ou do desejo pervertido de poder com toda a sensibilidade da minha pele, penetrar esse mundo tão íntimo que é o sagrado altar da tua criação? É tão real esta ilusão que dou por mim a resvalar com os dedos húmidos do teu prazer na maciez da pele do teu ventre exterior. Loucura, só pode ser, esta total prevaricação, que me leva a olhar-te mais mulher, mais sedenta do que nunca desta minha vontade de te tomar avassaladoramente. Nem me pergunto se é um sonho, porque sei que estou desperto, apenas prendo as mãos com os dedos, e fico quieto no silêncio brando da Noite, porque a realidade não se coaduna com a minha insanidade que me faz vassalo de todo o teu corpo, escravo da tua alma e monge da tua sagrada existência. Há um espaço por preencher entre cada instante de tempo, em cada momento que se esvai como se fosse o pensamento velocidade sine qua non para marcar a vida dos corpos. Nem tudo viaja à mesma distância, nem tudo

António Almas

se desloca com a mesma celeridade, há urgências que se levantam e fazem da vida um passo apressado, há vezes em que ir devagar é ter mais tempo para observar, para sentir e saborear cada detalhe que segue lado a lado com o nosso olhar.

É aqui que me deixo ficar, nesta quietude extasiada, neste novelo morno onde tão vagarosamente passa o silêncio, que a palavra se arrasta e se propaga com muito mais ímpeto, dando uma outra perspectiva a tudo o que me rodeia, parecendo que se mandou suspender a gravidade e se paira no ar em câmara lenta. Sentir assim é poder estender infinitamente o prazer, dilatar o vácuo e amplificar o ambiente, tornando a atmosfera mais respirável, e as letras mais coerentes com aquilo a que devíamos chamar de viver.

Falemos então mais devagar, pausadamente, com a cadência certa de quem quer ser sentido, percebido, entendido. Olhemos pois com mais atenção, como se quiséssemos memorizar na Alma cada alteração da paisagem à nossa volta. Escutemos também com menos

Dissertações poéticas

ruído, para que sejam perceptíveis os barulhos que normalmente não ouvimos. Toquemos a tranquilidade dos poros, os fios dos cabelos, como se fossem universos, sentindo-os pela sua unicidade, pela forma como cada um se distingue do próximo. Embora pareçam todos iguais no género, são tão diversos na forma.

Façamos esta experiência, esta reflexão, e o mundo transformar-se-á, e de um todo que parece uniforme, veremos quão particular é cada instante, quanta diversidade nos envolve, e abraçaremos a vida com muito mais generosidade.

Palavras ocas

Não descrevo mais os conteúdos das palavras, porque talvez estas tenham ficado ocas, ou porque o vazio é agora um espaço mais difícil de preencher.

António Almas

Questiono-me sobre se o corpo é agora só um mero objecto, ou tende a ser uma casa abandonada pela Alma que há muito de mim partiu.

A melancolia é a melodia dos meus dias, tolhe-me deixando-me muitas vezes perdido no meio do nada. O silêncio parece-me cada vez mais a companhia invejável, onde não escuto, onde não respondo, onde não pergunto, onde não sonho.

Este abismo imenso que cava persistentemente a minha essência, deglute-me lentamente, impregnando as letras com o ácido do desencanto, erodindo a minha prosa, devorando aos poucos as palavras que já não escrevo, os verbos que já não uso, como a penumbra vais desgastando a luz até impor-lhe a escuridão.

Aos poucos, calo em mim todas as vozes, amordaço todos os meus eus e aniquilo todos os homens que me habitam.

A verdade

O que é a verdade? Algo que é incontornável, certo, indubitável, facto, realidade. Então a verdade será sempre única, não poderá ser possuída, apenas constatada. Há dias vendo um anúncio de um filme, percebi quão mudada estava a verdade quando se anunciava: "-Há três verdades, a dele, a dela e a verdade". Fiquei a reflectir sobre a afirmação e constatei que hoje podemos ser donos da verdade, tomá-la como nossa, apropriarmos-nos dela, fazendo-a, na realidade, algo conveniente, que nos serve, que usamos como sendo um facto feito à nossa própria medida. Antigamente isto era a mentira. Será que a sociedade acabou com a mentira e a transformou na nossa verdade como forma de legitimar factos que são tudo menos verdades, onde a parcialidade conveniente é justificativo para afirmar a "nossa verdade". A liberdade dá-nos o direito de argumentar, de discutir e de opinar, mas, há factos incontornáveis que são verídicos e que não

António Almas

podemos contornar com falsas verdades. Não existe a minha verdade que é diferente da sua verdade, que por sua vez é diferente da verdade factual, ou, estaremos nós dois mentindo?

Abstracto

Hoje sinto a invasão do abstracto toldando-me a mente, uma anestesia premente que desliga aos poucos a minha capacidade de ser cognoscente. Será assim o adormecimento do espírito? Esta dislexia entre a vontade e a resistência que deixa o corpo sem forças e a Alma sem ânimo, avassala-se, tomando tudo em seu redor.

Deveria reagir, impor-me, reprimir esta "desvontade" de existir no espaço e no tempo que é o agora. Deveria lutar, erguer-me sobre o nada e fazer de tudo para vingar à força no espaço lamacento do dia. Mas há dias em que

Dissertações poéticas

nascemos já rendidos, entregues a esta involuntariedade, a esta animosidade que trespassa a pele e se propaga numa pasmaceira brutal que nos derruba frente ao inimigo.

Hei-de chamar-te, dizer o teu nome, e implorar-te a salvação, dá-me da tua luz, do teu brilho incandescente, faz o meu sangue efervescente e eleva-me sobre a atmosfera, para que possa ser homem, guerreiro e vassalo dos teus mais escondidos desejos. Acorda-me!

Contemplação

Preciso do silêncio para contemplar, da luz suave da manhã para admirar, só assim sei olhar-te, só assim sei perceber-te, nesta neblina que te envolve como véu translúcido amanhecendo-te cada curvatura pronunciada da tua silhueta. O amor é muito mais que uma palavra, muito mais que um gesto, um toque, um gemido. Amar é

António Almas

sublimar a essência, saborear o ar que se respira como se estivesse carregado de fragrâncias do corpo, beber o orvalho que se suspende dos teus pequenos lábios em flor, como se fosse néctar que se oferenda ao primeiro raio de Sol. É preciso nutrirmo-nos com o sentimento profundo, hidratarmo-nos com a profusão da atmosfera que cobre cada poro, que exalta cada contorno como sendo a aresta fina que desenha no vazio cada protuberância de ti, só assim satisfaço a minha plenitude, só assim completo o imenso puzzle da tua existência, porque tu és tudo isto, mais a brisa que respiro, o som que escuto e a música que dança com o meu corpo.

Abstracção

Por vezes quero abstrair-me do tempo, imaginar que posso contorná-lo, manobrá-lo, tornar-me imune à sua passagem, como se a minha existência lhe fosse

Dissertações poéticas

transversal sem que seguisse no seu caudal. Mas a realidade é que passo com ele, como se caminhássemos de mãos dadas rumo ao destino, o meu finito, terminando já ali à frente, o dele infinitamente longo, eterno até.

Esta constatação é premente, sempre e quando te olho num corpo mais jovial, com rosto de menina mulher, e vejo como já estou tão distante da frescura da tua pele, da fogosidade da tua juventude, da maciez da tua tez que me olha, não deslumbrada pela beleza dum corpo novo, mas pelo conhecimento acumulado neste velho traje que me veste a alma.

É nestas alturas que lamento não ser capaz de soltar a mão ao tempo, sentar-me e esperar que passes, para te abraçar e seguir contigo, rumo ao infinito.

António Almas

Mistério

Há um mistério detrás de cada momento, que o torna único, indecifrável, quando os olhos se cruzam no ar, reflectindo no seu brilho o que a Alma guarda cá dentro. Este silêncio ausente de toque, de palavras e de instantes, torna-se na musicalidade da nossa existência, enquanto corpos diversos, perdidos num tempo que não nos pertence. Abrimos as asas e voamos, numa magia tão própria que os outros em nosso redor, sentem apenas a brisa das asas que não vêm, mas nós, em altos voos, sentimos o vento forte que alvoroça o espírito e nos despenteia os cabelos soltos. Há-de chegar o dia em que pousaremos, na tranquilidade dum lugar sereno, para degustar com detalhe e propriedade tudo aquilo que partilhamos, esta nossa afinidade, tão íntima, tão própria, tão peculiar que nos aflige no peito, alterando as batidas do coração descompassando o corpo, agitando-o como se navegasse em mar tempestuoso. Descansaremos finalmente nessa varanda com vista para a floresta da nossa imaginação.

O manto da Noite

Apago a luz, e no silêncio deixo ficar o corpo, resguardada no manto da Noite, a Alma esvoaça, procurando antigos trilhos de energia quiromântica. Neste rasto fugaz, deixo para trás o mundo convencional, onde tudo se restringe às regras duma sociedade que aos poucos se extingue.

Para lá do mundo físico, onde os corpos são senhores, há um universo de sensações e sabores, de energias e emoções que são invisíveis ao senso comum, é lá que habita a minha paz, o sossego que procuro, a luz que me conduz. Lá o arco-íris tem mais de sete cores e os dias alternam com as noites num ritmo suave e lento, como se dançassem juntos um baile flamenco.

Aqui, mergulhado neste éter, sou mais essência, mais

António Almas

fragrância, aquele corpo translúcido que não se pode tocar, mas sabe bem sentir, num abraço adornado de sensações que provocam um leve calor, acendem um rubor e nos fazem sentir sempre envoltos nos braços divinos do Criador.

Discernimento

O discernimento é uma forma de equilíbrio, que procuro no vago espaço deixado pelo passado, onde tudo é uma semelhança do futuro, onde tu és presente e a minha mente uma viagem interminável ao teu corpo. Cada passo nesta demanda é um perfume de ti, um intenso cheiro de lavanda que me inebria sem fim. Vou ao mais ínfimo detalhe, aquele pormenor esquecido, aquela curvatura suave que desenha o teu umbigo e onde perco meus sentidos. Não há toque mais suave que o ventre por desbravar, a tua pele de veludo por acariciar numa

Dissertações poéticas

manhã qualquer de Outono, onde o frio se mistura com o calor dos lençóis e o orvalho lá fora rega a natureza com a luz do teu sorriso. Desabrochar assim em flor é escrever-te na tez um poema de amor, onde todos os beijos são nossos e todo o fulgor se derrete em carícias trocadas pelos dedos. Esta caminhada não termina, sem que se ponha o dia nos braços duma Noite de encantos, onde todas as estrelas fazem seus cantos e a melodia é madrugada fria nas mãos de duas crianças que brincam. Ficamos mesmo ali, no sofá da sala, tendo como único espectador uma televisão desligada, que connosco faz amor, servindo de espelho reflector desta história por nós criada. Não aprofundo as palavras para não assustar os pirilampos que iluminam lá fora as fadas, quando o dia nos acordar, seremos corpos cansados, amores realizados e pueris inocentes que do todo apenas querem o prazer de estar juntos.

António Almas

O tempo é um livro

O tempo é um livro de folhas brancas onde escrevemos o destino com a ponta dos dedos. Nesta imensidão de páginas, há cartas fechadas, relatos abertos e momentos indescritíveis que nos transportam a tantos lugares. Este tempo que parece correr como um rio selvagem, é fluido que também embala a história de vidas que se cruzam e se partilham. Esta caminhada que fazemos para a foz, é uma canção cantada a plena voz, onde a orquestra ponteia a melodia e o coro completa o encanto, a magia. Sente como me dissemino entre os segundos, como a todas as horas passo por ti, como a cada semana te olho e te vejo, é assim que deixo o curso seguir, montanha abaixo até à foz do sentir. Só assim me encontras, escondido nas franjas do tempo, que sem tempo, sempre me trás a ti, correndo e saltando como criança brincando em teu redor.

Por mais que pareça não haver tempo já, este dilata-se quando teu corpo me dás, quando tua Alma toco e no silêncio da noite contigo durmo, colado por dentro ao teu corpo desnudo.

Embalo

Embalo-te num sonho de criança, com música em sons de valsa e cenários em tons de arco-íris. Guardo-te no meu regaço, como se fosse eu teu berço, lugar calmo onde balanças e embalas as canções que me cantas. Não entendo mais quem cuida de quem, se eu que te sustento a vida nos braços que te aconchegam, se tu, com a tua voz melodiosa e esse sorriso pueril com que me olhas. Acho que vivemos dos olhares um do outro, dessa estabilidade singela de saber que respiramos o mesmo ar, que a existência dum é pilar da persistência do outro, numa indelével forma de amar. O mundo jamais compreenderá como é sólido este equilíbrio tão nosso, este âmago tão íntimo que chega a parecer meu

António Almas

o teu corpo, teu o meu espírito. Os teus cabelos enchem-me o ventre de borboletas multicolores, a tua voz enche a atmosfera de brisas suaves e o teu sorriso desenha raios de sol na natureza fresca da manhã. Os dias fluem como suaves riachos por entre os teus dedos de fada, que percorrem as minhas letras como se afagassem o meu corpo despido de pudores. Assim me deleito na companhia deste anjo que o Criador me enviou.

Sensualidade

A sensualidade é uma pirâmide onde os sentidos gravitam, como se mergulhados num fluido espesso e cálido. Misturam-se e combinam-se reflectindo várias fórmulas, diversos prazeres e sobretudo gerando emoções que se transmitem à fronteira entre o mundo exterior e a Alma. Este intercâmbio de interacções entre o que está fora e o que está dentro produz-se através da

Dissertações poéticas

agitação do corpo, fazendo eco no ar externo e ondulações nesse frágil polígono que nos habita. A infusão de dois seres só acontece quando vibram na mesma frequência, é por isso que a música, e em particular a dança, são fundamentais para gerar os campos energéticos, que como filamentos conectam ambos corpos em enlaces únicos, prementes e que levam à fusão total. Esta conexão entre o meu ventre e o teu ventre, o encaixe entre a minha perna entre as tuas, permitindo que o meu fémur transmita a vibração do meu corpo à tua vulva, levamos a cruzar, de olhos fechados o espaço livre, seguindo os passos certos duma dança não esquematizada, mas impregnada dentro de nós. A inevitabilidade para o equilíbrio funde-nos em espírito e leva-nos ao êxtase de prazer que só uma dança pode ter.

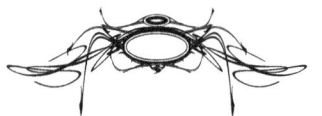

António Almas

Sou

Olho-te no fundo desse teu lago adormecido, enternecido pela dor da saudade com que vestes o corpo. Escuto-te, nos ensaios, nos pensamentos e até nas falas com que descreves as tuas ausências. Sou o silêncio que pousa sobre o teu ombro, a sombra que persegue a tua silhueta, aquela voz que dita as letras com que constróis as palavras. Por isso percebo-te quando me procuras, entendo-te quando me explicas, e sinto-te quando os teus dedos te acariciam.

O amor será sempre um verbo incompleto, capaz de ser conjugado das formas mais simples, contudo tão complexas nos sentires que logramos sempre encontrar metáforas para completar os sentidos. Por isso quando me amas, inventas-me, recrias-me e com isso renasces, acordas e elevas-te do chão quando a vida te tolhe, e te arrasta para o fundo. Essa é a magia que nasceu de mim, a capacidade de te puxar aos céus, roubando-te ao inferno.

Dissertações poéticas

Apetece-me

Apetece-me usar as palavras, espremê-las, trucidá-las, num discurso sem fundamento. Não, não estou zangado com a gramática, muito menos com o sentido dos textos, apenas me apetece dizer nada, falar da inconstância e do devaneio, sem ter de seguir normas, apenas pelo instinto, pelo cheiro. Sim, muitas vezes penso, deduzo e convenço-me que o que digo faz sentido, mas hoje? Hoje não! Hoje apenas me apetece não ter qualquer razão para escrever, qualquer motivo mais sentimental ou outro que tal para dizer.

Hoje não falo para ti, não digo para mim, não uso metáforas ou aforismos, nada de palavras caras e difíceis de interpretar, nada de expressões filosóficas ou quimeras para enfeitar. Nada, apenas nada para dizer, como afinal é o mundo onde me encontro a viver, onde tudo se diz, todo se fala, tudo se noticia, mas nada acontece, porque todo o que vemos são ilusões da realidade e ao final do dia, concluímos que pouco ou

António Almas

nada avançamos para lá do sítio onde já estávamos.

Por tudo isto hoje apetece-me, usar as palavras para não dizer nada, para me furtar às evidências duma forma lacónica e despreocupada, inventando frases vindas do nada.

Infância

É da inocência da infância que acarreto as minhas sensações. Desses momentos simples e singelos que invento o mundo que te descrevo. Nesse tempo em que a vida corria com a tranquilidade dum riacho por entre a verdejante pradaria, deixava os meus pensamentos transformarem-se em sonhos, que à frente me esperavam para futuras realizações. Naquele instante tu eras princesa de um qualquer conto, eu herói duma qualquer banda, desenhada à pressa nos recortes de papel envelhecido. Sabes, é tão bom poder voltar atrás no caminho, para poder rever contigo, cada passo no meio da floresta, cada chilrear de passarinho. Ah como é fantástico alimentar os sonhos de menino, essa candura feita de tanta ternura, esse marulhar das ondas sobre a areia da vida, essa maresia que nos salpica a memória e nos deixa um sorriso doce pendurado do rosto. Anda, vamos degustar o momento, neste embalo ternurento que é a saudade dum passado que nos erigiu, nos fez adultos com asas para voar e nos alimenta a esperança deste nosso mundo jamais acabar.

Interrogações

Quanto sabes de mim? De quem eu sou? De onde vim? Onde me encontras quando me procuras? No suave âmago do teu corpo? Ou no silêncio da tua Alma? Este espaço infinitamente pequeno onde tudo acontece, este milímetro entre as nossas peles, este vazio entre as

António Almas

nossas letras é o caminho que percorremos juntos, neste mundo cheio de contornos escuros, de esquinas afiadas e altos muros. Mas sempre as letras abrem portas, desenham janelas e penduram quadros nas paredes desertas. Sempre elas! As companheiras das noites cheias de nadas. Das madrugadas acordadas em que perdemos a visão a olhar para o tecto, sem saber que fazer com a imensidão por preencher.

Não te assustes, nada há para temer, quando aquilo que sentes é tão puro como éter. O amor não é apenas um divagar de palavras, uma metáfora para enfeitar a árvore da vida, mas o nutriente que a alimenta, por isso... Respira fundo, sente o mundo e voa nas asas da imaginação.

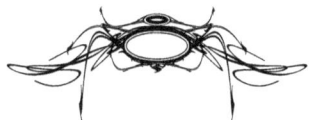

Dissertações poéticas

Erupção

O fervor é um corrupio que em turbilhão provoca a efervescência dos sentidos. Esta contusão suave do corpo, esta luz que choca contra a pele e provoca a sombra no amanhecer perdido no teu olhar, faz com que cada suspirar seja uma corrente leve de ar, através dos teus cabelos, soltos, despenteados, pelo amasso dos corpos que em desvario se precipitam um sobre o outro.

É inata esta propensão para a loucura, este acto despudorado de amar, de mergulhar no mais intrincado detalhe do teu corpo, sem medo de sufocar o prazer que me nasce na imaginação, fértil, como terreno arado, impune, desvairada, que consome em suaves beijos cada pedaço de ti.

Esta agitação é labareda, que dança exoticamente sobre este leito morno, onde perscruto cada contorno e elevo à potencia máxima o desejo de fluir como brasa incandescente, sobre o teu lume ardente.

Fosse minha tez angelical e ter-se-ia transmutado em

António Almas

diabólica figura que sobre a ondulação do teu mar voava, como pássaro feito de lava que se derrama lentamente sobre teu ventre. Sente-me, assim tão quente!

Na madrugada

Na madrugada gelada, deambulo na escuridão. Sei de cor os passos, deste confinado cárcere decorado com silêncios. Os meus pensamentos ecoam nas paredes vazias, as questões pairam como névoa nesta saudade eterna que cobre o chão que piso. Não sinto frio, os pés descalços repetem percursos já traçados na antiguidade dos tempos. Esta espera é apenas uma questão de tempo. O Sol vai rasgar a escuridão e as palavras surgirão do nada, tatuadas na pele nua, num corpo franzino que carrega essa essência tua. Hás-de vir, como anjo da anunciação, dizer-me que serei ressurreição, e que regressarei do pó, do nada, para ser

Dissertações poéticas

luz de esperança num novo amanhecer. Aguardar-te-ei, pois assim há-de ser.

Tanto por descobrir

Será o céu o espelho no nosso olhar? Cada estrela um brilho seu, cada cometa, o meu divagar? Será Noite a manta que cobre os nossos corpos? Os planetas nossos dedos entrelaçando-se?

Há tanto por descobrir nessa linha de horizonte que divide a Terra que pisamos do Céu que sonhamos. Há tanta saudade contida nas canções que escutamos, no poema que declamamos, que as galáxias seriam infinitamente pequenas para guardar todo o amor que nos damos.

Haverá um tempo, em que o Céu e a Terra se fundirão numa única dimensão, onde a tua pele será a minha pele, e o meu coração baterá no teu peito. Nesse tempo

António Almas

em que congeminamos o nosso Amor, em que aquecemos com fervor o nosso desejo, um novo Universo criaremos, repleto de cores e luzes, onde as distâncias serão ínfimas e as dimensões infinitas. Depois, entregar-nos-hemos à simplicidade do olhar, de observar as flores crescerem e as borboletas voar, na beira da floresta dos nossos encantos, enquanto nossos corpos sem embalam num balanço perpétuo, sistémico e perfeito.

Incomparáveis paralelos

Há incomparáveis paralelos que fundem as emoções, as paixões e os afectos. Nesse emaranhado de sentimentos os mundos fluem, órbitas imperfeitas em redor de estrelas nunca antes imagináveis. Este fluido é a catarse há muito comprimida na génese dum universo criado por rios de palavras e explosões cataclísmicas. Dele jorram

Dissertações poéticas

os prazeres que em cascatas se precipitam dentro dos corpos, quais invólucros, copos, que se oferecem a sedentas bocas prontas a sorver-lhes o néctar. Visto daqui, este espaço confuso e morno é uma alegoria, onde os amantes são estrelas pulsantes e tudo em seu redor é Amor, puro e simples Amor, pintado de mil cores, como um arco-íris que matiza o negro escuro do espaço profundo.

Parece haver um silêncio, mas, se prestares atenção, há um barulho quase imperceptível, uma melodia quase inaudível, que se propaga e nos afaga, nesta erupção descontrolada que é o insano devaneio da criação.

O prazer

Percebo a forma como escorre dos teus lábios o prazer, como os olhos são dois faróis que iluminam o caminho da minha boca. Levas-me por caminhos sinuosos,

António Almas

vertentes íngremes do teu corpo que exploro com afinco. As tuas mãos traçam o destino dos meus beijos e o rasto viscoso da minha língua que segue pelos leitos dos teus rios. Esse teu atrevimento é alimento para a libido, elixir para o corpo que despido se entrega a catadupas de prazer engendrado por essa forma simples mas sensual com que me abordas.

Se descobrires os meus segredos, saberás que neles todos há um pouco da tua pele, suave e macia, arrepiada e quente que envolve a fantasia premente do homem que vive por mim. Este silêncio abafado pelos beijos, pelas serpenteantes bocas que se comem em lânguidos beijos é música em sentido estereofónico, dum prazer duplamente tido, dum vício que é lamber-te.

Depois, depois é o grito, o gemido contido e os dedos cravados na rocha que é o corpo nu, vaga arrepiante orgasmo cru que numa exaltação única nos faz lembrar que o caminho se faz pela vereda, pelo atalho do secreto, pelo místico desejo de ser um só.

Paisagem

Discorro pela vertente suave da montanha, onde o chão se inclina vagarosamente sobre o lago, onde a vegetação é luxuriante e a paisagem afável. Caminho com a calma que um dia de sol me permite, fixando o olhar nos contornos que a paisagem traça no azul do céu. Escuto a natureza a palpitar em suaves chilreados, brisas e silêncios que inundam o ar.

Sento-me! Aguardo a tua chegada, numa pequena vaga sobre a água. Virás com um sorriso nos lábios e o corpo pejado de flores. És eterna Primavera, e a luz do teu sorriso estrela que me guia. A tarde chega e com ela sentas-te a meu lado, abraçando-me como os raios de Sol, ouvindo o meu pensar e desenhando os meus sonhos.

Esperamos juntos a Noite chegar, trazer-nos o Luar que emana da tua silhueta feita de Lua. Ficamos deitados sobre o chão, olhando as estrelas em cada constelação.

António Almas

Como poderia eu não ser tu?

Como poderia eu não ser tu? Se do vento colhemos o fôlego para voar.

Como poderias tu não ser eu? Se da água retiramos a correnteza para navegar.

Como poderíamos não ser unos? Se aos vulcões extraímos a lava que nos queima a pele.

Não há como separar o inseparável, questionar o inquestionável. Por isso não me demoro a procurar no Universo explicações. Assumo como um facto a conexão que nos une, essa fusão que parece ter nascido da forja que nos criou, como uma espada de dois gumes.

Por isso te digo que sempre estou onde tu estás, sempre vou onde tu fores, sempre serei o que tu quiseres ser. Podes chamar-me anjo-da-guarda, sombra de teu corpo, ou alma que te habita. Amante, amigo, companheiro ou irmão, que importa a classificação quando sabemos que somos tão-somente o reflexo um do outro, dois pedaços dum mesmo eu.

Dissertações poéticas

Se um dia te sentires só, pensa no que te escrevo, nas mensagens subliminares que te deixo, dos pequenos detalhes que te fazem lembrar de mim. Aí ver-me-ás, como se estivesses olhando o teu reflexo no lago de águas plácidas onde um dia mergulhamos juntos.

Mulher

Para lá da ondulação do teu cabelo, da curvatura do teu contido sorriso ou mesmo do brilho do teu olhar, descubro-te mulher, no sinuoso detalhe que teus lábios semicerrados me levam a pensar. Esse mundo secreto, que escondes na ponta da língua, húmida e destemida quando me percorres o pescoço, me desabotoas a camisa e me deixas livre sobre teu corpo.

Atiças-me o olhar e as mãos vão na tua nudez procurar o caminho desse refúgio, dessa saudade interminável que é amar, cada pormenor da tua pele, cada segredo

António Almas

escondido no regaço do teu ventre por mim despido.

Esse sorriso, que ilumina o lusco-fusco deste quarto, conduz-me ao desvario, seguindo encruzilhadas desse teu rio que te escorre pelo corpo. Sigo-te, molhando com os lábios o percurso, sentido as vibrações do teu coração estremecerem sob a minha boca nesta ânsia louca que é chegar ao gemido, ao arrepio, ao mais íntimo da tua essência grito pungente de existência e perfeito amor que se faz na ponta afilada dos meus dedos que te tomam, como torrente que invade suavemente a planície inundada do teu desejo seria loucura não saborear o elixir do teu perfume, como quem bebe da água corrente, da fonte viva do teu âmago que em minha língua se derrama num espasmo de doçura. Sente, sente-me na ponta do teu corpo pedindo, implorando pelo teu grito entrega-te em mim, deixa-me imolar o prazer que em nós se há-de derreter como vela acesa no templo secreto da nossa envolvência, onde o sagrado e o profano se fundem num único corpo, num só beijo profundo.

Dissertações poéticas

O sabor da tua língua

Deduzo o sabor da tua língua no beijo por dar, o perfume da tua pele no suave toque de dedos, no entrelaçar das mãos. Recebo-te nos braços, envolvendo-te o corpo, num abraço que te cobre, que te esconde na essência do meu Eu. Sinto o frémito que te agita, a efervescência que te corre nas veias, o fogo que te inflama. Deixa que te percorra nesta viagem aos sentires, nesta profunda descoberta dos teus vícios, das tuas fantasias mais secretas, onde os lábios abafam os gritos de prazer.

Deixa-me saltar ao mais fundo do teu corpo, como quem mergulha ao abismo, esperando encontrar na queda as asas que só o desejo pode desenhar, neste corpo nu, que sobre o teu vai posar.

Deixa... Que o coração descompassado, seja o ritmo duma dança de flamejantes labaredas que no escuro da Noite iluminem o espaço da luxúria, num ofegante murmúrio que descreva, acutilante, esta sã loucura de nos amarmos. Deixa!

António Almas

Primavera

Hoje venho de longe, e no fim desta estrada encontro-te, sentada, esperando-me, como quem aguarda pacientemente a Primavera, depois dum longo e solitário Inverno. Sopro a cálida brisa de um fim de tarde, esperando acalentar o teu corpo. Seguro-te entre os meus braços como se transportasse a mais leve pena. As árvores preenchem-se de flores brancas e os campos polvilham-se de amarelo e verde. Dos teus olhos retiro o arco-íris e no suave silêncio deste alpendre, contemplamos o renascimento de um novo tempo.

Depois dos sacrifícios duma estação gélida, eis que o Sol desponta num horizonte matizado de rosas fortes, adormece suavemente, como tu adormeces no meu colo, embalada pela melodia cantada pela folhagem exuberante das árvores que ladeiam a cabana.

Fico ali, contigo enroscada sobre as pernas, olhando a Noite chegar mansamente, esperando que os sonhos sejam agora em ti, maravilhosas pinturas em telas

Dissertações poéticas

brancas da alma. Suspiro, com a sensação de reencontro, de momento completo, sensação de caminho feito, de volta à casa que é a tua Alma.

Frescura

Gostaria de te disser que as palavras são como gotas de água, caem dos céus sobre os corpos, tocam-nos como dedos em pele nua, escorrendo até às raízes que os prendem à Terra, saciando-os na sua sede. Esta permanente fonte de frescura, alimenta não apenas a árvore, mas também a sua folhagem que abriga a vida nos seus ramos. É a esta floresta de gente, que se move por entre os intrincados labirintos da cidade, que sente o que escrevo, que reage, que palpita, chora, grita, que vou buscar o meu alento.

Hoje, quando aqui me sento, escrevo a um ritmo mais lento, fruto duma idade que vai pesando, dum cansaço

António Almas

que se vai acumulando, mas no fundo, creio que, tal como não passo sem o veneno deste oxigénio que respiro e me vai corroendo o corpo, também não vivo sem as ilusões e consequentes desilusões que a vida me aporta. Junto com esta amalgama de corpos, vou seguindo a corrente, da foz até à nascente, porque já fui menino, hoje sou homem e amanhã quem sabe serei mais um indigente, tentando sobreviver nas ruas duma terra qualquer. Mas há algo que sei, que aprendi com a caminhada, sem as palavras, não sou nada.

Penumbra

Esta agitada penumbra onde me deito, é reflexo de mar revolto, de sensação de desconforto onde a Alma paira, expectante, por ser salva. Venho persistentemente visitar o teu corpo, ao sacrário onde o guardas todas as noites. Venho em peregrinação, de Alma na mão, venerando-te.

Dissertações poéticas

Ofereço-te a minha vida, com ela, minhas preces, meus sonhos e demais pedaços que compõem a minha existência. Tu, inerte, pareces dormir, sonhar com o porvir, e quieta nesse teu sagrado templo, recebes-me, serena, no meio da Noite.

Fico aqui, esperando que despertes desse sono secular que te prende à mortalha, qual princesa à espera do beijo por dar, dum qualquer príncipe de contos de fadas. Não me atrevo a trazer-te meu corpo, velho e já cansado, com medo que neles não vejas mais que um pai que te oferece protecção. A minha pele pode estar decadente, a minha memória equilibra-se fragilmente para não se esquecer do caminho para ti, mas dentro desta cela, habita uma Alma eterna que espera o teu despertar.

Anda, levanta-te e caminha comigo, rumo ao Sol nascente, porque o dia vem vindo e faz-se tarde para nos amarmos novamente.

António Almas

Sabes aquela curva...

Sabes aquela curva que faz o horizonte quando o olhamos para lá do tempo? Essa esperança que é poder voar sobre ele, ultrapassar os limites que a vista alcança e ser no ar, pássaro em derivas. É nessa curva que coloco todas as minhas vontades, nessa oscilação suave que me perco, como se não houvesse infinito, como se fosses tu o meu grito de liberdade.

Deixa-me perseguir esta vontade, de quebrar as barreiras da imaginação, de ir para lá da ilusão e tornar realidade aquilo que parece fantasia, de ser em ti luz do dia. Deixa-me! Só assim saberás quem eu sou, o que contem o meu corpo, o que constrói o meu espírito, a que sabe o meu beijo, qual a força do meu abraço, é esse o ensejo da descoberta.

Espera-me, que num instante, juntos passaremos as montanhas, atravessaremos oceanos, navegaremos no infinito espaço entre os mundos que parecem separar-nos. Não fiquemos parados, vamos caminhar juntos,

Dissertações poéticas

porque é nesta estrada, salpicada de estrelas que se faz a caminhada. Anda, dá-me a mão, abre as asas e salta comigo ao abismo da descoberta, só assim a nossa entrega está completa.

Dedilho as palavras

Dedilho as palavras que como notas de música se expandem no ar da manhã. Acordo, embalado no teu olhar, como um barco em derivas por oceanos salgados pelas lágrimas da saudade. Toco o teu corpo com a elegância duma harpa, agitando suavemente os fios dos teus cabelos que melodiosamente afagam o meu peito.
Esta extravagancia de sentidos não se compara aos mundos que cada detalhe teu desenha na minha imaginação. Pergunto-me se o mergulho no infinito me trará de regresso à superfície da tua pele, ou me deixará mergulhado para sempre na emulsão suave da tua Alma.

António Almas

Quão profundo é este sentir que nos une, nos mistura e nos dissolve tão profusamente?

Sei, pela vibração que reverbera do teu corpo, que descodifiquei a melodia da nossa essência, que musico e instrumento são só um ser, e que o som que difundem é pura harmonia. É esta musicalidade que procurávamos, que, em notas dóceis, escrevesse no ar uma nota de amor.

Memórias dum tempo

Pela Noite, abraçada às memorias dum tempo que foi, na saudade dum instante, derramas na folha branca os traços da Alma. As lágrimas escorrem, acompanhadas pelo silencioso ritmo da solidão. Crias, neste teu secreto mundo, os reflexos dos sentidos. Observo-te, sigo as sinuosas linhas que formam os rostos melancólicos, os corpos contorcidos e os prantos que me contas em

Dissertações poéticas

estórias ilustradas. Apenas os dois, nesta escura madrugada, perseguimos a aurora.

A vida corre, veloz como um cavalo selvagem em espaço aberto, somos apenas cavaleiros do tempo, seguindo essa força incontrolável como barco à deriva em rio estreito. Resta-nos a paz que resulta dessas pausas, desse momentos introspectivos que nos libertam, que nos abraçam e nos afagam, deixando a imaginação livre para polir os sonhos.

Há-de haver um lugar, um espaço, um instante, para amar, para ser o que desejamos e fazer o que queiramos, tudo o resto é essa fúria selvagem que nos arrasta em debandada.

Abaixo da pele há um rio de lava incandescente, que corre contra a corrente e inunda as planuras do baixo-ventre. Aí, onde se faz mar, é vaga insolente contra a rocha pungente que requebra na humidade do teu corpo abraçando o ímpeto, transformando a fúria em prazer. Acolhe-me, nessa dramática ondulação que em aflição, geme e fala, grita e cala como quem deseja infinitamente

António Almas

afogar-se no êxtase profundo desse oceano.

É frenética a pulsação deste *quasar*, que a espasmos de brilho faz do escuro, luz vermelha, do Sol uma pequena estrela e do uivo o silêncio que entre corpos se alimenta deste fogo perpétuo que por debaixo da pele queima, purifica e transpira os desejos de ser, intensamente amado.

Vagas de mar

Deixo os acordes agitarem o ar, como se fossem vagas de mar que se espraiam na minha pele. Deixo o silêncio quebrar-se, com a vontade do teu gemido. Voz aguda, arrancada ao mais profundo da essência que te habita. Contudo a calma do lusco-fusco, salpica a tua silhueta nua, essa imperceptível beleza que a sombra esconde como um segredo que guardo dentro de mim. Sente, arrepia-te com a fragrância, com esta inusitada vontade de ser delírio, de ser gente, encaixe perfeito, pele na pele.

Ouve-me, pressente-me como quem adivinha quando vou chegar, no vento, enrolado no ar como doce tentação que desembrulhas e devoras com a boca entreaberta. Envolve-me, afaga-me e dissolve-me no teu detalhe, nessa curvatura feita com a atmosfera do teu próprio corpo. Deixa-me gravitar no teu espaço, sentir o teu regaço e mergulhar no quente oceano dos teus desejos.

Anda, mata-me de amor, sufoca-me a dor e lambe-me as feridas. Sê meu elixir, meu devaneio, fogo-fátuo da minha imaginação que neste breu, te deduz, te seduz e te ama. Deixa-me morrer de amor, dentro de ti.

Pequena morte

Encontrei-te perdida num mundo de espaços ocos, escondida atrás dum sorriso disfarçado de alegria, numa

António Almas

singela e doce simpatia que guardava silêncios dolorosos. Olhei-te na surdina dos dias, como um vizinho que mora na casa ao lado. Passavas, ias e vinhas, sorrias e falavas como se o vento fosse uma leve brisa, mas detrás do teu olhar havia lágrimas que em cascatas se precipitavam inundando a Alma de tristeza. Senti essa vibração aterradora que é estar preso dentro de nós próprios, amarrado a realidades que, como lastro, nos puxam para o fundo.

Atrevi-me a dizer-te quem eras, de onde vinhas e como sentias, porque te via de dentro para fora, porque te sentia ventania. Fui translúcido como a transparência nua do teu corpo, disse-te tudo o que via, desenhei-te em palavras, falei-te desse pranto. Ao sentires-te tocada, arrepiada pela veracidade do meu olhar, fugiste, tiveste medo e partiste, deixando-me só, mergulhado na folha de papel onde te desenho noites a fio.

Creio que o momento é o sustento de todas as sonoridades, de todos os prazeres, senhor da criação, deusa da sensualidade, nesse instante impreciso no

Dissertações poéticas

tempo, onde eu me deito para te tomar, onde tu te fundes na equação improvável desta indecência de sermos simultaneamente eternos e mortais, almas e seres carnais. Sabes? Tu sabes, que esta é a única forma de equilíbrio para a loucura, esta fatalidade simultaneamente trágica e cómica, equidistante ao romance e há efémera luxúria que apenas dura o tempo necessário para padecermos desse fogo, queimarmos essas fantasias e fazermos de nós eternos amantes, ou simplesmente seres alados que se entregam a esta pequena morte.

Permite-te, permite-me, mergulhar na profundidade da insanidade, para que depois possamos emergir purificados, elevados à décima potência, à eloquência de quem vê claro com os olhos da alma.

Só assim tocaremos o Céu com a ponta dos dedos, enquanto ardemos no infinito prazer de ser ad eternum insanos santos.

António Almas

Fui em ti semente

Fui em ti semente, tu meu jardim, meu sangue minha mente. Terra ardente onde cresci, com o amor constante que de ti recebi. Foste abrigo na tempestade, alegria e verdade nos momentos de maior felicidade. Lágrima salgada chorada escondida, quando em meu corpo se abria uma ferida. Foste universo, mar imenso e abraço terno, hoje sou de ti um reflexo, na saudade da tua partida, nesta dolorida vontade de te ter comigo, espero pelo momento, que em lugar eterno hás-de abraçar minha alma e de novo possamos caminhar de mãos dadas. Obrigado mãe, por me teres dado a vida, por me teres entregue a tua vida na dedicação de todos estes anos de puro amor e carinho. Em mim te guardo, como aquela pequena semente que um dia no teu âmago germinaste.

Euforia

Acordo-me, num inevitável momento de euforia, onde os gritos se calam nos ecos da mente, e toda esta torrente de palavras escorre pela alma abaixo como um rio em direcção à foz, ao ventre. Preencho-me de vazios, de desenhos e alegorias com quem se enfeita para um carnaval de emoções, desfilando nu pelas alamedas duma cidade vazia de gentes, contudo, preenchida de quadros riscados à mão por entre paredes despidas de emoção.

Se eu soubesse que a minha alma era tão vasta quanto oca, tê-la-ia preenchido de sons, de harmonias e canções, para que reverberasse e trepidasse como um balão cheio de água que treme sobre a palma da mão da criação. Eufórico umas vezes, apático outras tantas, oscilo como o pêndulo de um metrónomo marcando o compasso das horas, o ritmo da cadência duma vida atirada aos ventos.

António Almas

Sou pó, terra e nada, sou nascer e alvorada, entardecer e adormecer feito de tanta coisa e de coisa alguma, por isso este silêncio tolhido pelo pranto da dor, pelo trepidar deste motor que rosna baixinho, quase gemido, lânguido e contido, quando o meu abraço te envolve o corpo.

Depois da tempestade

Desço em espirais de luz, sobre o chão molhado, sobre o corpo suado, depois da febre, depois da tempestade, qual bonança esperada, qual magia desejada para iluminar-te a Noite. Abraço silente, corpo ausente no mar de lágrimas derramado sobre a face. Cheguei, estou aqui, misturado com o silêncio, mesclado nos aromas que invadem o quarto, onde ninguém me vê, mas tu me sentes, posso parecer ausente, mas nunca vou para lá das quatro paredes do teu corpo, nessa cárcere onde encerraste a alma, que guardo, velo e cuido, como única

Dissertações poéticas

flor neste árido deserto.

Não.. Não sofras mais, estou aqui, dentro de ti, não me ouves? Escuta-me no eco do vazio, percebe-me nos riscos que as estrelas fazem ao cair, e saberás que estou sempre contigo. A vida é mesmo assim, feita de guerras, de loucuras e tristezas, mas também de sonhos e quimeras, de saudades e alegrias de flores e cardos. Que mais importa se ao fim do caminho guardaste em ti todas a essências, aquelas fragrâncias que pairavam no ar quando eras criança, aqueles sabores únicos que não esquecerás, mesmo quando a demência te assole, e já nada mais importe.

Tenho a certeza, que mesmo no escuro me reconheces, que mesmo no silêncio me escutas, que mesmo no vazio me tocas, música de outros tempos. Dança... Anda, dança, agita o corpo, faz o vento, o turbilhão, cria, faz funcionar a imaginação, essa máquina fantástica que há-de dar-me corpo... Um dia.

António Almas

Voo

Voo, como se fosse provido de asas, pela atmosfera dos teus sonhos, por onde há muito não voava, povoando o silêncio de sopros que a saudade já reclama. Não importa o tempo que passa, que segue num percurso íntimo, não importa se o corpo envelhece, o sono pesa e a caminhada longa cansa as pernas e nos deixa exaustos ao fim do dia. Depois que a Lua nasce e a Noite cai sobre o horizonte polvilhado de estrelas, regressamos a casa, àquele lugar entre quimeras, por entre vazios e folhas brancas que cobrem corpos despidos. Não há frio porque o calor da Alma cobre os espíritos que deambulam nos sonhos. É aqui que nos encontramos, em mares de utopia, mergulhados em sonhos tantas vezes sonhados, sabemos de cor o caminho para regressar, sempre que a vontade nos leva e o desejo aporta no cais deste paraíso inventado na tua mente pelas cores das minhas tintas.

Dissertações poéticas

O som da água

O som da água que se precipita sobre a tua pele despida, chama-me à atenção para o detalhe como ela te afaga, morna, com uma névoa de mistério que se solta do contacto com o teu corpo. Fico quieto, não quer perturbar os fluxos ascendentes de ar frio que te sobem pelas pernas, passando na tangência dos glúteos em leves redemoinhos de prazer. Este ecossistema que gira em torno da tua existência feminina é um pequeno mundo de carícias que me deixa delirante perante o momento. Eu sou silêncio, pássaro que rasante passa pelos teus seios nus percebendo o ápice da tua excitação nos pináculos erguidos pelo jogo entre o calor do teu desejo e o ar arrefecido dessas montanhas onde quero repousar. Sigo a torrente rumo ao teu ventre, procurando atrever-me em apertado desfiladeiro que tuas coxas confinam, procurando a excitante porta do teu corpo, por onde quero subir, escalando protuberâncias e vontades.

António Almas

Embora apenas te veja, sente-me como se fosse presente, como se não existisse mais ninguém, entre tu, eu e essa cascata de água que te banha.

Fantasio-te

Somos alimento um para o outro, eu fantasio-te, visto-te de princesa, dispo-te de preconceitos, elevo-te à máxima potência na matemática instável da minha existência, tu, sentes, debulhas e separas com um filtro redentor que absorve apenas o que vale a pena ficar, consomes o detalhe, decifras o enigma e fazes acontecer em ti o jardim que aos poucos povoa a encosta despida da alma, por isso talvez eu devesse ser jardineiro e cuidar da Mãe, para que ela esteja sempre bela como a Mulher, viçosa, encantadora e apetecível aos olhos de todos. Sento-me e contemplo-te, obra inacabada mas já tão detalhada que procuro entender-te no teu êxtase, se é

Dissertações poéticas

uma explosão de cores, flores e perfumes, ou se é uma fonte que rebenta e um rio que nasce no peito e se derrama pelas planícies doces e suaves da pradaria do ventre para desaguar na cascata do corpo, precipitando-se ao nada, sendo todo o prazer que só o êxtase pode conter.

Índice alfabético

A dimensão da luz...70
A harmonia do tempo...74
A maior perda da minha vida...................................96
A palavra...102
A verdade..117
Abstracção...120
Abstracto...118
Adeus..106
Amor de mãe...108
Apetece-me...131
Arrepios..67
As arestas do teu corpo..112
As chamas dos céus...79
Como poderia eu não ser tu?..................................142
Contemplação..119
Dedilho as palavras..151
Depois da tempestade...160
Discernimento...124
Dislexia...90
Embalo...127
Erupção..135
Espírito..110
Euforia..159
Êxtase...69
Fantasio-te...164
Filho...104
Filtros...76
Frescura...147
Fui em ti semente..158
Implacável..88
inalcançável...81

Incomparáveis paralelos.................................138
Inesquecível...87
Infância...132
Inspiração em apneia.....................................111
Interpelação da alma......................................77
Interrogações...133
Inusitado amor..100
Jardim secreto..84
Memórias dum tempo....................................152
Mistério..122
Mulher..143
Na madrugada..136
No meio da noite...66
No reflexo...65
Nos teus cabelos...82
O Amor..64
O manto da Noite.......................................123
O prazer..139
O sabor da tua língua....................................145
O som da água..163
O tempo é um livro......................................126
Oleiro...78
Osmose..89
Paisagem...141
Palavras ocas...115
Peço-te o silêncio.......................................101
Pensamentos...105
Penumbra..148
Pequena morte...155
Perca...85
Perpétuo movimento.....................................63
Plantar-te a alma..68

Prazer inexpugnável..99

Prenúncio..75

Primavera...146

Profundidade..93

Saber ouvir-nos..107

Sabes aquela curva...150

Sacramente intocável..72

Sensualidade..128

Sentidos...83

Somente..71

Sou...130

Tanto por descobrir...137

Vagas de mar..154

Ventos de Assuão..94

Viagem de regresso...92

Voo...162

Obras já publicadas do autor:

- Diário de Sonhos 2009
- Reflexos d'Alma 2010
- O Livro dos Pensamentos I 2011
- A Magia das Letras – Aqua 2011
- Folhas Soltas 2012
- O Livro dos Pensamentos II 2013
- Absorvência 2014
- Ínfimos 2014
- Inflexões 2014
- Convexidade 2014
- Cartas a Sophia (Romance) 2015
- EVA – O despertar da Alma (Romance) 2015
- A Magia das Letras II – Ignis 2015
- Conversas com o Pai 2016
- O Livro dos Pensamentos III 2016
- O enigma do Amor (Romance) 2016
- O Druida (Romance) 2016
- O oráculo de Vénus(Romance) 2016
- The Soul's book(inglês) 2017

Publicações à venda em:

Diário de Sonhos:

www.bertrand.pt

Restantes títulos:

www.amazon.com

www.lulu.com/spotlight/aalmas

e-Books:

www.amazon.com

Para obter livros autografados pelo autor solicitar para:

antonio.almas@gmail.com

Ou visite o site do autor em www.aalmas.eu

www.ingramcontent.com/pod-product-compliance
Lightning Source LLC
Chambersburg PA
CBHW061651040426
42446CB00010B/1679